清华大学
中国平衡发展指数报告
（2020）

Tsinghua China Balanced Development Index 2020

许宪春　白重恩　刘涛雄　主编

清華大学出版社
北　京

图书在版编目（CIP）数据

清华大学中国平衡发展指数报告 . 2020 / 许宪春，白重恩，刘涛雄主编 . —北京：清华大学出版社，2022.7

ISBN 978-7-302-61063-2

Ⅰ . ①清… Ⅱ . ①许… ②白… ③刘… Ⅲ . ①社会主义建设－研究报告－中国 Ⅳ . ① D61

中国版本图书馆 CIP 数据核字 (2022) 第 099720 号

责任编辑：纪海虹
封面设计：何凤霞
责任校对：王凤芝
责任印制：曹婉颖

出版发行：清华大学出版社
网 址：http://www.tup.com.cn，http://www.wqbook.com
地 址：北京清华大学学研大厦 A 座 邮 编：100084
社 总 机：010-83470000 邮 购：010-62786544
投稿与读者服务：010-62776969，c-service@tup.tsinghua.edu.cn
质 量 反 馈：010-62772015，zhiliang@tup.tsinghua.edu.cn
印 装 者：北京博海升彩色印刷有限公司
经 销：全国新华书店
开 本：185mm×260mm 印 张：10 字 数：162 千字
版 次：2022 年 9 月第 1 版 印 次：2022 年 9 月第 1 次印刷
定 价：128.00 元

产品编号：096402-01

《清华大学中国平衡发展指数报告》编委会

本 书 作 者

许宪春 清华大学中国经济社会数据研究中心主任，清华大学经济管理学院教授

白重恩 清华大学经济管理学院院长、教授

刘涛雄 清华大学社会科学学院党委书记、教授

刘精明 清华大学中国经济社会数据研究中心副主任，清华大学社会科学学院教授

郑正喜 上海财经大学统计与管理学院讲师，清华大学中国经济社会数据研究中心骨干研究人员

张钟文 清华大学中国经济社会数据研究中心助理研究员

任　雪 重庆工商大学数学与统计学院讲师，清华大学中国经济社会数据研究中心骨干研究人员

胡亚茹 上海财经大学统计与管理学院博士后，清华大学中国经济社会数据研究中心骨干研究人员

杨　静 中国劳动关系学院讲师，清华大学中国经济社会数据研究中心骨干研究人员

胡远宁 清华大学经济管理学院博士后，清华大学中国经济社会数据研究中心骨干研究人员

张美慧 清华大学经济管理学院博士后，清华大学中国经济社会数据研究中心骨干研究人员

雷泽坤 清华大学经济管理学院博士后，清华大学中国经济社会数据研究中心骨干研究人员

朱　莉 西南财经大学统计学院讲师，清华大学中国经济社会数据研究中心骨干研究人员

王　洋 清华大学经济管理学院博士后，清华大学中国经济社会数据研究中心骨干研究人员

郁　霞 西南财经大学统计学院博士研究生，清华大学中国经济社会数据研究中心骨干研究人员

刘婉琪 西南财经大学统计学院博士研究生，清华大学中国经济社会数据研究中心骨干研究人员

彭　慧 上海财经大学统计与管理学院博士研究生，清华大学中国经济社会数据研究中心骨干研究人员

陈丹丹 西南财经大学统计学院副教授，清华大学中国经济社会数据研究中心骨干研究人员

汤美微 南京财经大学经济学院讲师，清华大学中国经济社会数据研究中心骨干研究人员

唐　雅 清华大学经济管理学院博士研究生，清华大学中国经济社会数据研究中心骨干研究人员

周　融 上海财经大学统计与管理学院博士研究生，清华大学中国经济社会数据研究中心骨干研究人员

靖骐亦 清华大学经济管理学院博士研究生，清华大学中国经济社会数据研究中心骨干研究人员

关会娟 首都经济贸易大学统计学院讲师，清华大学中国经济社会数据研究中心骨干研究人员

张　瑾 清华大学社会科学学院博士后，清华大学中国经济社会数据研究中心骨干研究人员

彭肖肖 西南财经大学统计学院博士研究生，清华大学中国经济社会数据研究中心骨干研究人员

惠欣欣 西南财经大学统计学院博士研究生，清华大学中国经济社会数据研究中心骨干研究人员

张一凡 西南财经大学统计学院博士研究生，清华大学中国经济社会数据研究中心骨干研究人员

陈　香 清华大学社会科学学院博士研究生，清华大学中国经济社会数据研究中心骨干研究人员

孙程程 福建农林大学经济与管理学院博士研究生

清华大学中国经济社会数据研究中心
管理委员会名单

主　任

白重恩　清华大学经济管理学院院长、教授

副主任

刘涛雄　清华大学社会科学学院党委书记、教授

钟笑寒　清华大学经济管理学院党委副书记、教授

委　员

许宪春　清华大学中国经济社会数据研究中心主任，清华大学经济管理学院教授

刘爱华　国家统计局综合司司长

赵同录　国家统计局核算司司长

苏　竣　清华大学国家治理与全球治理研究院执行副院长，清华大学智库中心主任、教授

杨永恒　清华大学文科建设处处长、教授

序

PREFACE

党的十八大以来，面对错综复杂的国际环境和艰巨繁重的国内改革发展稳定任务，以习近平同志为核心的党中央统筹推进“五位一体”总体布局，协调推进“四个全面”战略布局，坚持稳中求进工作总基调，党和国家事业取得历史性成就、发生历史性变革，经济社会发展取得显著成效，人民获得感显著增强。然而，一些长期积累的深层次问题逐渐凸显，特别是经济发展不平衡不充分的问题较为突出。同时，随着经济社会的不断发展，人民对美好生活的需要日益提升。党的十九大报告提出，中国特色社会主义进入新时代，我国社会主要矛盾已转化为人民日益增长的美好生活需要和不平衡不充分的发展之间的矛盾。我国社会主要矛盾的变化是关系全局的历史性变化，深刻反映了我国经济社会发展的客观实际。

发展不平衡不充分问题已成为满足人民日益增长的美好生活需要的主要制约因素，是我国实现高质量发展亟待破解的难题，对哲学和社会科学理论和实证研究提出了重大任务。在这样的背景下，清华大学校长邱勇、国家统计局局长宁吉喆共同部署了编制清华大学中国平衡发展指数的任务。清华大学中国经济社会数据研究中心与经济管理学院、社会科学学院展开密切合作，组成了由经管学院院长白重恩教授、社科学院党委书记刘涛雄教授和我共同牵头的清华大学中国平衡发展指数编制课题组，探索和尝试对我国社会主要矛盾这一重大现实问题进行定量分析。研究团队在认真学习习近平新时代中国特色社会主义思想和十九大报告精神的基础上，从我国社会主要矛盾出发，坚持以人民美好生活需要为出发点和落脚点，认真研究指数理论和方法，构建衡量我国经济社会平衡发展状况的指数，对我国经济社会发展及存在的不平衡不充分的状况及其变动趋势进行客观评价。

《清华大学中国平衡发展指数报告（2020）》为清华大学中国平衡发展指数系列报告第二期。本报告是在课题组前期开发的中国平衡发展指数研究框架下，继续深入学习理解《“十三五”规划纲要》，紧扣我国社会的主要矛盾和高质量发展的要求，聚焦发展不平衡不充分问题的一些新情况、新变化，重点对党的十八大以来我国平衡发展状况进行统计监测和分析，客观揭示发展中的成绩和问题。在本报告中，课题组还聚焦新时期我国平衡发展的重点领域开展专题分析，选取了“贫困脆弱性指数构建及测度”“南北地区平衡发展差距分析”“长三角高质量一体化发展评价”三个专题进行理论和实证开掘研究，进一步丰富和完善中国平衡发展指数的研究体系。

2020年11月，在清华大学召开的《清华大学中国平衡发展指数报告（2020）》发布会上，清华大学党委副书记向波涛致辞，清华大学中国经济社会数据研究中心、经济管理学院、社会科学学院联合发布了《清华大学中国平衡发展指数报告（2020）》。报告概括分析了我国社会主要矛盾的新情况、新变化，及时跟踪监测我国平衡发展的进程，为相关政策制定提供分析依据，得到了与会专家的充分肯定。新华网、人民网、央视新闻频道、经济日报、光明网、财新网、中国经济导报、人民论坛等近20家媒体进行了积极报道及专访，并荣登2021年学习强国平台“十三五”巡礼栏目。同时，课题组进一步深入研究和推动指数成果运用，形成了一系列相关学术论文并进一步发表于《管理世界》《统计研究》《中国工业经济》等高水平期刊上。此后，我又组织研究团队对报告内容进行补充和优化，最终形成了《清华大学中国平衡发展指数报告（2020）》一书。

本书内容包括前言和四个部分。“前言”部分，在深入学习和理解我国社会主要矛盾已转化为人民日益增长的美好生活需要和不平衡不充分的发展之间的矛盾的基础上，总体概括了研究背景和研究意义。第一部分“中国平衡发展指数理论方法”，重点阐述了中国平衡发展指数的目标定位、编制思路、指标体系构建以及平衡发展指数的计算方法。第二部分“中国平衡发展指数测算结果”，从平衡发展的总体趋势与主要特征、分领域平衡发展的趋势与特征以及地区及城乡发展平衡状况三个方面出发，对中国平衡发展情况进行概述。第三部分“中国平衡发展的成绩与问题”，包括主要成绩、主要问题和政策建议三个部分，阐述中国经济社会各领域发展的突出亮点，探讨中国发展不平衡不充分重点领域存在的问题，有针对性地提出了政策建议。第四部分“中国平衡发展专题研究”，选取了贫困脆弱性指数构建及测度、南北地区平衡发展差距分析、长三角高质量一体化发展评价三个专题，尝试对我国平衡发展状况进行深度分析，进一步丰富我国平衡发展的理论与实证研究。

中国平衡发展指数所考察的省份包括我国31个省区市，不包含港、澳、台。

在课题研究过程中，课题组全体成员付出了艰苦的努力，为课题研究贡献了智慧和力量。本课题研究得到了清华大学党委副书记向波涛、国家统计局副局长盛来运的高度重视和指导，得到了清华大学文科建设处、智库中心、实验室设备处、科研院机构办和国家统计局设管司、综合司、核算司、能源司、研究所等有关职能部门及相关专家的大力支持，在此表示衷心感谢。在专家研讨会上，来自北京大学、中国人民大学、北京师范大学、中央财经大学和对外经济贸易大学等高校的学者提出了重要的指导性和建设性意见；在调研过程中，课题组得到了贵州省统计局、广东省统计局、上海市统计局、江苏省统计局、四川省统计局、陕西省统计局的鼎力帮助。在《清华大学中国平衡发展指数（2020）》发布会上，国家统计局综合司一级巡视员程子林、中国社会科学院金融研究所所长张晓晶、北京大学国家发展研究院教授沈艳、国务院政府特殊津贴专家邱东、中国财政科学研究院副院长邢丽等对报告进行了点评，充分肯定了研究的前沿性、前瞻性、科学性和规范性，对进一步完善指数编制工作提出了建议和期许。本书的出版，得到了清华大学国家治理与全球治理研究院的大力支持，在此表示真诚感谢。

感谢广大读者对本系列报告的支持，希望本书对于判断中国平衡发展状况及其变化趋势起到一定的参考作用。由于编者水平所限，书中可能存在诸多不足之处，敬请广大读者批评指正。

许宪春

2022年1月3日

摘要

ABSTRACT

党的十九大报告指出，中国特色社会主义进入新时代，我国社会主要矛盾已转化为人民日益增长的美好生活需要和不平衡不充分的发展之间的矛盾。发展不平衡不充分问题已成为我国实现高质量发展亟待破解的难题。近年来，在党中央的坚强领导下，我国经济社会持续健康发展，脱贫攻坚取得全面胜利，全面建成小康社会取得历史性成就。同时，我国经济社会发展的空间结构正发生深刻变化，区域发展呈现分化态势，城乡发展不协调仍然较为突出，生态环保任重道远，民生保障存在短板，社会治理还有弱项，我国发展不平衡不充分问题仍然突出。在此背景下，《清华大学中国平衡发展指数报告（2020）》紧扣我国社会主要矛盾，延续上年的指标体系，从经济、社会、生态和民生四个领域，对我国平衡发展进程进行监测，反映我国平衡发展成就，揭示平衡发展中的不足，为我国推动“十四五”时期经济社会高质量发展提供决策依据。

总体上看，我国经济社会发展取得重要成绩。我国发展指数 2018 年为 63.82，较 2017 年上升 1.39，“十三五”以来上升 4.68；平衡发展指数 2018 年为 53.29，较 2017 年上升 0.92，“十三五”以来上升 3.57。我国地区发展不平衡程度和城乡发展不平衡程度都略微缓解，地区发展不平衡程度由 2012 年的 0.23 降至 2018 年的 0.22，城乡发展不平衡程度由 2012 年的 0.26 降至 2018 年的 0.22。部分指标在地区间、城乡间仍呈现高度不平衡状态，需要进一步加大力度推进区域协调发展战略及城乡一体化发展。

具体而言，我国经济、社会、生态和民生领域平衡发展均取得了较好成绩，特别是社会领域平衡发展的良好态势对我国总体平衡发展起到了重要的推动作用。

相较 2017 年，2018 年经济平衡发展指数由 48.15 上升至 48.84，经济运行稳中有进，创新驱动平衡发展指数和基础设施平衡发展指数快速增长；经济效益平衡发展指数稳步上涨；经济结构和人力资本平衡发展指数稳中趋降。社会平衡发展指数由 54.54 上升至 56.50，社会持续和谐稳定，社会治理平衡发展指数快速增长；社会文明和社会保障平衡发展指数显著提升；社会安全和社会公平小幅平稳发展。生态平衡发展指数由 55.08 上升至 55.45，生态环境持续改善，空气质量平衡发展指数快速上升；土壤质量平衡发展指数基本平稳；水质量和生态保护平衡发展指数有所下降。民生平衡发展指数由 51.72 上升至 52.38，民生福祉持续提升，收入和教育平衡发展指数快速增长；居住平衡发展指数稳步上涨；医疗健康和就业平衡发展指数有所下降。

“十三五”期间，在以习近平同志为核心的党中央坚强领导下，我国经济社会发展取得一系列突出成绩。一是居民收入持续上升，消费结构进一步优化。各地区、城乡居民人均可支配收入和消费差距显著缩小，平衡程度持续向好。此外，农村消费结构调整速度明显快于城镇，消费结构持续优化。二是贫困发生率大幅下降，脱贫攻坚取得历史性成就。在精准扶贫政策作用下，5575 万农村贫困人口实现脱贫，贫困群众“两不愁”质量水平明显提升，“三保障”突出问题总体解决。三是互联网普及率持续提升，“新基建”助力经济数字化。信息基础设施建设的投资力度和技术支持不断加强，互联网蓬勃健康发展，不同地区、人群间的信息鸿沟不断缩小。四是蓝天保卫战稳步推进，空气质量明显改善。PM2.5 浓度明显降低，重污染天数明显减少，环境空气质量明显改善。五是医疗资源供给持续增长，居民健康水平显著提升。每千人口卫生技术人员数逐年上升，婴儿死亡率持续下降，出生时预期寿命逐年上升。

尽管取得了一系列成就，发展不平衡不充分仍然是我国经济社会发展面临的长期问题。城乡区域发展差距和收入分配差距依然较大，民生保障存在短板，有一些新情况需要引起我们的重视。一是创新能力不适应高质量发展要求，科技领域“卡脖子”问题亟待解决。我国 R&D 经费投入强度与美国、日本、奥地利等发达国家仍存在一定差距，基础研究占比偏低，能真正形成关键核心技术的重要科技成果仍不足。二是劳动年龄人口占比下降速度加快，就业结构性矛盾凸显。一方面随着老龄化程度不断加深，近十年我国劳动年龄人口数量连年下降；另一方面高技能人才严重短缺。三是文化资源不平衡问题依旧突出，东中西部地区差异明显。2018 年东部地区人均文化事业费、人均拥有公共图书馆藏量均大幅领先于中、西部地区。四是社会法治水平有待进一步提升，且地区不平衡问题突出。我国法治资源体量处于较低水平，每十万人拥有律师数地区之间差异明显，经济欠发达地区的法治资源较为匮乏。五是养老资源地区不平衡加剧。每千老年人口养老床位数由升转降，且地区差异程度上升，与“十三五”规划中的目标还存在一定差距。

遵循党中央“巩固脱贫攻坚成果，建立解决相对贫困的长效机制”的要求，本报告从监测陷贫风险的视角构建了贫困脆弱性指数，利用住户层面微观调查数据对我国家庭的贫困脆弱性程度和贫困脆弱性发生率进行测度。结果表明，我国家庭平均贫困脆弱性程度和贫困脆弱性发生率随时间推移呈下降走势，但城乡间的差距持续存在，农村地区家庭贫困脆弱性程度和脆弱性发生率持续高于城市家庭。

当前，我国区域发展形势总体良好，长三角、珠三角步入高质量发展轨道，全国经济重心进一步南移。但南北差异问题逐渐凸显，对我国区域经济平衡发展提出了新的挑战。本专题分别构建南方和北方的平衡发展指数，发现我国区域发展存在明显的“南高北低”现象，北方发展水平和地区内部平衡性都明显低于南方。其中，经济领域最为明显，是导致南北平衡发展差距持续扩大的主要原因；民生领域南北平衡发展差距由负转正，是南北差距拉大的加速器；社会领域北方稍具优势，对南北平衡发展差距的扩大起到一定缓冲作用；生态领域南北差距呈缩小趋势。

我国经济由高速增长阶段转向高质量发展阶段，中心城市和城市群逐渐成为承载发展要素的主要空间形式，区域协调发展要求形成几个能够带动全国高质量发展的新动力源。本专题聚焦长三角一体化发展的区域发展战略，开拓平衡发展新思路。研究发现，长三角经济发展总体领先，充分发挥其改革开放前沿和集聚辐射优势，高质量发展初现成效；区域内部经济联系更加活跃，产业分工趋于合理；基础设施相对完善，交通互联、信息互通水平领跑全国；教育、医疗等公共服务水平明显提升，初步实现民生共享；环境保护意识逐年加强，环境治理得到逐步改善。尽管如此，长三角高质量一体化发展过程中也面临着一些突出问题，主要包括：地区环境污染仍不容小觑，地区 PM2.5 浓度高于全国平均水平，也高于 PM2.5 日平均值国际标准值；创新研发的国际竞争力有待提升，科创和产业融合不够深入；市场统一开放建设任重道远，各地区生产市场融合度明显不足。

为解决好发展不平衡不充分的问题，本报告提出以下政策建议：加强科技创新体系和扩散体系建设，提升国家创新能力；促进高水平就业保障转型发展，健全完善更加积极的就业政策，加大就业培训力度，大力培养和引进紧缺人才；进一步支持与鼓励中部地区发展特色文化事业，充分利用互联网打破区域之间的文化资源壁垒，增强国家发展软实力；因地制宜建立法治治理机制体制，助力社会治理模式现代化转型；建立和完善“居家为基础、社区为依托、机构为支撑”的多层次、多模式养老服务体系，给予养老服务落后地区更多的养老资源供给和财政投入。从贫困脆弱性视角出发，研究提出充分结合预防性公共卫生政策和具有行为矫正功能的财税政策，构建新型减贫政策体系；针对“南北差异”发展问题，研究提出以创新驱动的产业转型升级为根本，提升北方地区可持续发展能力，并持续推进社会民生、生态文明建设；在长三角一体化发展进程中，推动科技资源共享共建，加快科创产业融合发展，打破要素自由流动的行政壁垒，从国家治理能力建设方面推动长三角区域市场一体化建设。

目　录

CONTENTS

图表目录

CONTENTS

第一章
前言

一、研究背景

“十三五”时期，面对突如其来的新冠肺炎疫情、世界经济深度衰退等多重严重冲击，在以习近平同志为核心的党中央坚强领导下，我国经济社会发展取得新的历史性成就。经济运行总体平稳，经济结构持续优化，创新型国家建设成果丰硕。全面深化改革取得重大突破，供给侧结构性改革持续推进。脱贫攻坚成果举世瞩目，区域性整体贫困得到解决，完成了消除绝对贫困的艰巨任务。污染防治力度不断加大，资源能源利用效率显著提升。教育公平和质量较大提升，医疗卫生和文化事业繁荣发展，人民生活水平显著提高。“十三五”规划主要目标任务胜利完成，中华民族伟大复兴向前迈出了新的一大步。

当前，我国经济社会运行虽总体平稳、稳中有进，但也面临稳中有变、变中有忧的复杂局势。我们必须清醒地认识到，我国发展仍然处于重要战略机遇期，结构性、体制性、周期性问题相互交织，“三期叠加”影响持续深化，经济下行压力加大，发展不平衡不充分问题仍然是满足人民日益增长的美好生活需要的主要制约因素，是我国发展新阶段亟待破解的主要难题。在此背景下，我们通过构建平衡发展指数，对我国平衡发展进行理论和实证动态研究，用发展的办法解决发展不平衡不充分的问题。

二、研究意义

在系统学习与理解十九大报告对社会主要矛盾论述内涵的基础上，课题组充分挖掘发展不平衡不充分的主要问题，于2019年4月在清华大学首次发布了“清华大学中国平衡发展指数”，并报告了部分研究成果。本次年度报告在《清华大学中国平衡发展指数报告》（2019）的研究基础上，着重围绕我国经济社会发展的重要进展，开展新一轮的中国平衡发展指数测度和分析工作。同时，聚焦平衡发展的重点领域开展专题研究。具体地，选取贫困脆弱性指数构建及测度、南北地区平衡发展差距分析、长三角高质量一体化发展评价三个专题，丰富和完善了中国平衡发展指数的研究体系，概括分析了我国社会主要矛盾的新情况、新变化，及时更新结果，力求统计结果的时效性，为相关政策的制定提供依据。

《清华大学中国平衡发展指数报告（2020）》不仅是对我国发展不平衡不充分问题的定量分析，也是对我国社会主要矛盾新情况、新变化的动态反映。以我国经济社会发展的主要矛盾为出发点，对我国整体发展的不平衡、不充分程度进行动态评价，及时跟踪监测我国平衡发展的进程，为探索不同地区间高质量平衡发展的新模式工作打下坚实的基础，对推进经济高质量发展、促进社会全面进步、持续改善生态环境、切实增进民生福祉、不断满足人民群众对美好生活的需要，具有深远的时代意义。

第二章

中国平衡发展指数理论方法

新时代社会主要矛盾的转化，从满足"物质文化需要"到满足"美好生活需要"，从解决"落后的社会生产"问题到解决"不平衡不充分的发展"问题，适应了我国发展的阶段性要求，体现了党中央以人为本的发展理念和与时俱进的发展观。为了做好中国平衡发展指数的编制工作，我们重点从社会主要矛盾的两个方面出发，广泛搜集和梳理国内外相关指数的研究状况，在学习、研讨和借鉴的过程中形成中国平衡发展指数的编制思路。

从人民美好生活需要的角度看，相关的指数研究主要围绕如何综合评价生活水平展开，且国内外学者常常采用"民生""福祉""幸福值""生活质量"等概念进行定量评价和分析。目前，人们已经普遍认识到 GDP 指标的局限性，逐渐淡化了以单一产出指标直接评价生活水平。不过，由于其复杂性，对于如何设计超越 GDP 的综合测度工具，不同学者的理解莫衷一是，评价的出发点也千差万别，由此产生的指数不计其数。从国际上看，联合国开发计划署编制的人类发展指数[①]、经济合作与发展组织编制的美好生活指数[②]、社会进步协会编制的社会进步指数[③]是超越 GDP 的发展测度的代表性研究；在国内，围绕总体发展或某一特定领域发展的综合评价指数同样不胜枚举，如国务院发展研究中心"中国民生指

① UNDP. Human Development Report 2016[R/OL]. https://doi.org/10.18356 /6d252f18-en, 2017.

② OECD.How's Life? 2017:Measuring Well-being[R/OL]. https://doi.org/10. 1787/how_life-2017-en,2017.

③ Porter M E, Stern S, Green M.Social Progress Index 2017[R]. Washington,2017.

数研究”课题组编制的中国民生指数[①]、国家统计局编制的小康指数[②]、北京师范大学“中国民生发展报告”课题组编制的中国民生发展指数[③]、中国人民大学中国调查评价中心编制的中国人民大学中国发展指数[④]等。

从发展不平衡不充分的角度看，学者通常不是直接以“不平衡”或“不充分”的字眼开展研究的。较为常见的是针对收入分配、教育、医疗等领域的不平等问题的统计研究，他们一般采用基尼系数、泰尔指数、贫困指数等不平等测度方法对相关问题展开测度和分析。此外，还包括一些针对性别问题的研究，如性别不平等指数、全球性别差距报告[⑤]等，以及针对领域之间发展不均衡的指数，如我国经济社会协调发展的测度研究[⑥]等。

综合来看，相关的指数研究在测度目标和评价方式上侧重点有所不同，我们认为大致可将其分为三类：一是直接的发展水平测度，比如人类发展指数、中国民生指数等；二是不平等程度测度，比如侧重反映收入分配领域分配不平等程度的贫困指数、基尼系数、泰尔系数等，又如性别不平等指数、全球性别差距报告和美好生活指数框架下的不平等测度等；三是考虑不平衡因素的发展水平测度，可见的研究成果包括但不限于联合国开发计划署在人类发展指数基础上建立的经不平等调整的人类发展指数。

需要指出的是，国内测度发展水平的众多指数一定程度上可以看作是对发展充分性的衡量，但很少能够兼顾对平衡性的衡量，不足以反映社会主要矛盾及其变化。而少数几个国际指数尽管在编制过程中考虑了发展不平衡（或不平等）因素，但其评价体系的设计往往倾向于针对西方发达国家，不适用于反映我国现阶段实际情况。这意味着，现有的指数或是没有考虑发展不平衡问题，或是即便考虑了

① 张玉台，吴晓灵，韩俊，等．我国民生发展状况及民生主要诉求研究——“中国民生指数研究”综合报告 [J]. 管理世界，2015（2）：1-11.

② 潘璠，杨京英．中国全面建设小康社会监测报告 [M]. 北京：社会科学文献出版社，2011.

③ 唐任伍．中国民生发展指数总体设计框架 [J]. 改革，2011（9）：5-11.

④ 袁卫，彭非．中国发展指数的编制研究 [J]. 中国人民大学学报，2007（2）：1-12.

⑤ World Economic Forum.The Global Gender Gap Report 2017[R/OL]. http://www3.weforum.org/docs/WEF_GGGR_2017.pdf.

⑥ 范柏乃，张维维，贺建军．我国经济社会协调发展的内涵及其测度研究 [J]. 统计研究，2013，30（7）：3-8.

但不具有适用性。鉴于此，中国平衡发展指数以习近平新时代中国特色社会主义思想和党的十九大精神为指导，以人民美好生活需要为出发点和落脚点，在深入学习和理解社会主要矛盾科学内涵的基础上，建立平衡发展指标体系，制定科学的指数编制方法，进而监测和反映我国平衡发展状况与进程。

一、目标定位

中国平衡发展指数以习近平新时代中国特色社会主义思想和党的十九大精神为指导，以人民美好生活需要为出发点和落脚点，从我国社会主要矛盾出发，建立平衡发展指标体系，制定科学的指数编制方法，对发展的不平衡不充分程度进行评价，对平衡发展的进程进行监测，反映我国平衡发展成就，揭示平衡发展中的不足，为制定宏观政策提供依据，推动经济发展、促进社会进步、改善生态环境、提升民生福祉，更好地满足人民美好生活需要。

二、编制思路

正确认识和准确把握十九大提出的社会主要矛盾两个方面的科学内涵，是奠定平衡发展指数理论基础的必要工作。课题组结合实地调研和专家论证会建议，深刻认识我国社会主要矛盾转化的现实背景和实践基础，充分理解人民美好生活需要和发展不平衡不充分的具体内涵，建立指标体系并研究设计指数编制方案。

（一）人民美好生活需要的内涵

随着社会生产力显著提高和我国综合国力的不断增强，人民美好生活需要的内涵逐渐多元化，过去的社会主要矛盾表述已经不能准确反映我国发展现状。中国特色社会主义进入新时代，人们对美好生活的向往不再局限于物质文化需要，而是已经突破个体或家庭微观层面的福利概念，形成了更为广泛的社会综合发展观。通过对习近平新时代中国特色社会主义思想和十九大报告的深入学习，并经过实地调研和专家论证会，本课题对新时代我国基本国情进行认真分析，将人民美好生活需要的内涵总结归纳为以下四个方面作为一级指标：

1. 经济

经济持续健康发展是提高人民生活水平的先决条件，是丰富人们物质和精神生活的基本保障。十九大报告指出，我国经济已由高速增长阶段转向高质量发展阶段，正处在转变发展方式、优化经济结构、转换增长动力的攻关期，建设现代化经济体系是跨越关口的迫切要求和我国发展的战略目标。必须坚持质量第一、效益优先，以供给侧结构性改革为主线，推动经济发展质量变革、效率变革、动力变革，提高全要素生产率。因此，经济发展应包括经济结构的优化、经济质量和效益的提高、对外开放新格局的打造和经济发展潜力的提升等内容。综上所述，本研究确定经济领域平衡发展指数构建以经济效益、经济结构、创新驱动、基础设施和人力资本等五个方面为二级指标。

2. 社会

社会进步是人民美好生活需要和提升人民获得感的重要部分。十九大报告提出要建成法治国家、法治政府和法治社会，要不断促进社会公平正义，形成有效的社会治理、良好的社会秩序，加强社区治理体系建设，实施健康中国战略。社会公平作为社会稳定发展的基础，是人类追求美好生活的一个永恒主题。没有高度的文化自信及文化的繁荣兴盛，就没有中华民族伟大复兴，社会文明作为我国文化发展的远景目标，是我国文化建设的灵魂。建设社会主义文化强国，需激发全民族文化创新活力，提高人民思想觉悟、道德水准及文明素养，从而提高全社会文明程度。深入依法治国、打造安全安定的社会环境，也是全面建成小康社会、实现中华民族伟大复兴中国梦的迫切需要。十九大报告在加强和创新社会治理领域，提出要建立共建共治共享的社会治理格局。十九大报告强调加强社会保障体系建设，明确提出按照兜底线、织密网、建机制的要求，全面建成覆盖全民、城乡统筹、权责清晰、保障适度、可持续的多层次社会保障体系。综上所述，本研究确定社会领域平衡发展指数构建以社会文明、社会公平、社会安全、社会治理与社会保障等五个方面为二级指标。

3. 生态

把生态文明建设融合贯穿到经济、政治、文化、社会建设的各方面和全过程是实现经济社会平衡发展，满足人民美好生活需要的重要保障。十九大报告明确指出，我们要建设的现代化是人与自然和谐共生的现代化，既要创造更多物质财富和精神财富以满足人民日益增长的美好生活需要，也要提供更多优质生态产品以满足人民日益增长的优美生态环境需要。长期以来，我国经济保持高速增长，经济实力显著提高、人民生活水平明显上升，但与此同时伴随的高消耗、高排放与高污染导致了我国资源约束趋紧、环境污染严重、生态系统退化等现象，生态环境不平衡、不协调、不可持续的问题日益突出，良好的生态环境成为人民美好生活的迫切需求。监测生态环境的平衡发展，不仅需关注大气、水和土壤等方面的环境质量问题，固废气液等环境污染物的监管与治理，还需关注环境风险和生态系统等方面。综上所述，本研究确定生态领域平衡发展指数构建以空气质量、水质量、土壤质量、环境治理与生态保护等五个方面为二级指标。

4. 民生

发展的根本目的是更好地保障和改善民生。我国社会主要矛盾的转化，要求更好地贯彻以人民为中心的发展思想。民生工作离老百姓最近，同老百姓生活最密切，与人民美好生活的需要联系最直接的就是民生发展。只有坚持在发展中保障和改善民生，解决好群众最关心、最直接、最现实的利益问题，不断促进社会公平正义，使人民更有获得感、幸福感、安全感，才能更好地满足人民对美好生活的需要。随着人民生活水平不断提高，人民群众的需要呈现多样化、多层次、多方面的特点，民生发展面临的宏观环境和内在条件都在发生变化，过去有饭吃、有学上、有房住是基本需求，现在人民群众有收入稳步提升、优质医疗服务、教育公平、住房改善等更多层次的需求。习近平总书记指出，与人民群众生活最密切相关的问题包括就业、教育、住房等方面，民生发展要从人民群众最关心、最直接、最现实的利益问题入手，统筹做好教育、收入分配、就业、医疗卫生、住房等方面的工作。综上所述，本研究确定民生领域平衡发展指数构建以收入、就业、居住、教育与医疗健康等五个方面为二级指标。

综合而言，人民美好生活需要的满足要以经济发展为前提，以社会进步和生态环境为保障，最终落脚于更好地保障和改善民生福祉。因此，为了充分反映现阶段我国人民美好生活需要的内涵，我们基于经济、社会、生态和民生四大领域构建平衡发展指数的基本框架。

（二）发展不平衡不充分的内涵及其衡量方式

平衡发展指数，是在人民美好生活需要的内涵框架下对发展不平衡不充分程度的定量刻画。这首先需要充分理解发展不平衡不充分的内涵，并分别确定合适的衡量方法。根据十九大报告，课题组深入提炼了发展不充分和发展不平衡的内涵，并设计了相应的测度方法。

十九大报告指出，我国经济社会发展已经取得了巨大成就，但与发达国家相比，与实现人民美好生活需要相比，还是相对落后的，即发展不充分。发展不充分是一种相对状态，主要体现为发展质量和效益还不高，创新能力不够强，资源利用效率有待提升，社会事业有待充分发展，生态环境有待充分改善，民生短板有待弥补。发展不充分是指各领域当前发展水平，相对于较充分状态如发达国家和地区的发展水平存在发展不足，发展的任务仍然很重。衡量发展的不充分程度归根到底是衡量经济、社会、生态、民生等领域发展的相对程度，可以通过标准化处理的方式来测度发展不充分。

十九大报告指出，现阶段我国发展不平衡主要表现为区域发展不平衡和城乡发展不平衡。其中，区域发展不平衡主要是指地区发展和收入分配差距依然较大，东、中、西、东北各个区域发展不平衡，发达地区与欠发达地区发展不平衡；城乡发展不平衡主要是指城乡居民在收入、就业、养老、医疗、教育、基础设施等领域存在较大差距，城乡二元结构问题依然严重。因此，发展不平衡是指经济社会发展过程中所产生的一些系统性结构问题，主要表现为区域（地区）和城乡发展水平高低不齐，存在较为突出的不平等、不均衡的现象。从地区与城乡两个角度对各个领域发展的不平衡程度展开综合性测度是衡量发展不平衡的重要突破口。二者具体的测度方式如表 2-1 所示。

表 2-1　发展不平衡类型及其测度方式

发展不平衡类型	测度方式
地区发展不平衡	基于我国省际数据，采用基尼系数方法计算领域发展的区域不平衡程度，进而换算为地区平衡调整系数[①]
城乡发展不平衡	基于我国城乡数据，采用基尼系数方法计算领域发展的城乡不平衡程度，进而换算为城乡平衡调整系数

① 平衡调整系数的计算方法及其调整方式详见附录 F。

（三）设计框架

从平衡发展指数的编制目标出发，课题组在社会主要矛盾内涵的基础上，充分结合实地调研和专家论证会的意见，将人民美好生活需要与发展不平衡不充分的衡量视角相融合，从而确立平衡发展指数的研究框架。一是从理论角度出发，综合考虑了与人民美好生活需要相关的重点领域和现实特征，将经济、社会、生态和民生四个维度进行分解和细化，形成相应的二级指标体系，具体研究框架如图 2-1 所示；二是针对每个二级指标，侧重理论与实践相结合，考察发展不平衡不充分的主要表现形式，选择各领域重要且具有代表性的三级指标。一方面，该指标须在理论上是相应二级指标的发展程度的一种重要量度；另一方面，该指标应是该方面所有相关指标中最具有代表性且是发展不平衡不充分的恰当量度指标之一。需要特别说明的是，在进行不平衡测度时，课题组结合宏观统计数据的可获得性和清华大学相关学科的研究成果，进一步确定重点反映发展不平衡的主要指标。

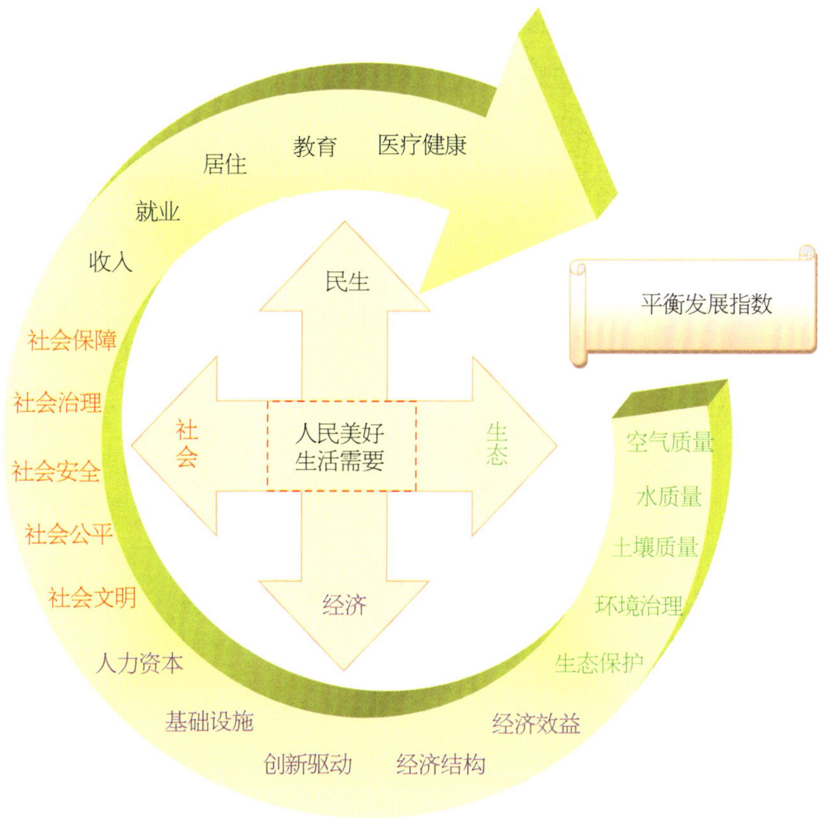

图 2-1　平衡发展指数的研究框架

综上所述，形成平衡发展指数的设计思路如图 2-2 所示。首先，通过选取代表性指标刻画各领域、各方面的发展水平和程度，考察发展的充分性问题；其次，结合现实问题深入分析各重点领域的地区发展不平衡和城乡发展不平衡，通过不平衡测度构造调整系数对发展水平进行调整。

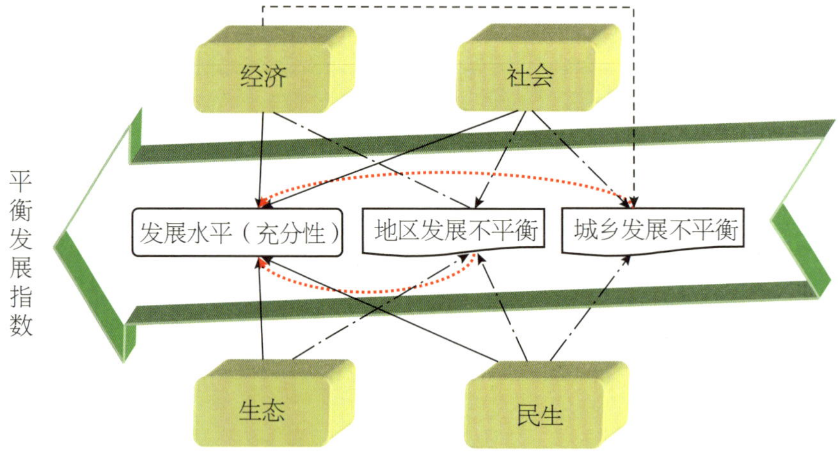

图 2-2　平衡发展指数的设计思路

三、指标体系

平衡发展指数的指标体系由 4 个一级指标、20 个二级指标和 49 个三级指标构成（见表 2-2）。在 4 个一级指标中，经济领域主要考察与经济持续健康发展相关的影响因素，从经济效益、经济结构、创新驱动、基础设施和人力资本等方面分别衡量，包括 5 个二级指标和 13 个三级指标；社会领域主要考察新时代促进社会进步的相关影响因素，从社会文明、社会公平、社会安全、社会治理和社会保障等方面分别衡量，包括 5 个二级指标和 12 个三级指标；生态领域主要考察加快生态文明建设的相关影响因素，从空气质量、水质量、土壤质量、环境治理和生态保护等方面分别衡量，包括 5 个二级指标和 10 个三级指标；民生领域主要考察保障和改善民生福祉的影响因素，从收入、就业、居住、教育和医疗健康等方面分别衡量，包括 5 个二级指标和 14 个三级指标。

表 2-2　平衡发展指数指标体系

一级指标	二级指标	三级指标			不平衡类型	
		序号	指标名称	指标方向	地区	城乡
经济	经济效益	1	人均 GDP	正向	●	
		2	能源产出率	正向	●	
		3	资本产出率	正向	●	
	经济结构	4	高技术企业主营业务收入与 GDP 之比	正向	●	
		5	居民消费率	正向		
		6	服务贸易占对外贸易比重	正向		
	创新驱动	7	R&D 经费投入强度	正向	●	
		8	万人发明专利拥有量	正向	●	
	基础设施	9	互联网普及率	正向	●	●
		10	铁路密度	正向	●	
		11	城市交通承载力	正向	●	
	人力资本	12	劳动年龄人口占比	正向	●	
		13	劳动年龄人口平均受教育年限	正向	●	
社会	社会文明	14	人均拥有公共图书馆藏量	正向	●	
		15	人均文化事业费	正向	●	
	社会公平	16	居民人均收入基尼系数	逆向		
		17	劳动就业中的性别差异	逆向		
	社会安全	18	亿元 GDP 生产安全事故死亡人数	逆向	●	
		19	刑事犯罪率	逆向		
	社会治理	20	每十万人社会组织数量	正向	●	
		21	每十万人拥有律师数	正向	●	
	社会保障	22	养老金替代率	正向	●	●
		23	养老保险覆盖率	正向	●	
		24	医疗自付比	逆向	●	
		25	贫困发生率	逆向		
生态	空气质量	26	空气质量指数优良率	正向	●	
		27	细颗粒物浓度（PM2.5）未达标率	逆向	●	
	水质量	28	地表水劣于 V 类水体比例	逆向	●	
		29	河流水质状况Ⅲ类以上占比	正向		
	土壤质量	30	单位耕地面积化肥施用量	逆向	●	
		31	单位耕地面积农药使用量	逆向	●	
	环境治理	32	城市生活垃圾无害化处理率	正向	●	
		33	城市日均污水处理能力	正向	●	
	生态保护	34	水土流失综合治理面积（新增）	正向		
		35	造林面积	正向		

续表

一级指标	二级指标	三级指标			不平衡类型	
		序号	指标名称	指标方向	地区	城乡
民生	收入	36	居民人均可支配收入	正向	●	●
		37	居民人均消费支出	正向	●	●
	就业	38	城镇调查失业率 *	逆向		
		39	求人倍率	正向		
	居住	40	城镇人均住房建筑面积	正向	●	
		41	房价收入比	逆向	●	
		42	农村居住便利设施普及率	正向	●	
	教育	43	高中毛入学率	正向		
		44	高中及以下阶段生师比	逆向	●	
		45	高中及以下阶段生均公共财政预算公用经费支出	正向	●	
	医疗健康	46	婴儿死亡率	逆向		●
		47	每千人口卫生技术人员数	正向	●	●
		48	出生时预期寿命	正向		
		49	每千老年人口养老床位数	正向	●	

注：加 * 指标由于数据可得性原因，暂未纳入到 2011—2018 年平衡发展指数的计算。

●：存在该不平衡类型。

四、计算流程与方法

平衡发展指数的计算按照“数据预处理→三级指标标准化（发展指数）与不平衡调整系数的计算→三级平衡发展指数→二级指数→一级指数→总指数”的流程展开，其计算流程如图 2-3 所示。具体的计算过程与说明详见附录 F。

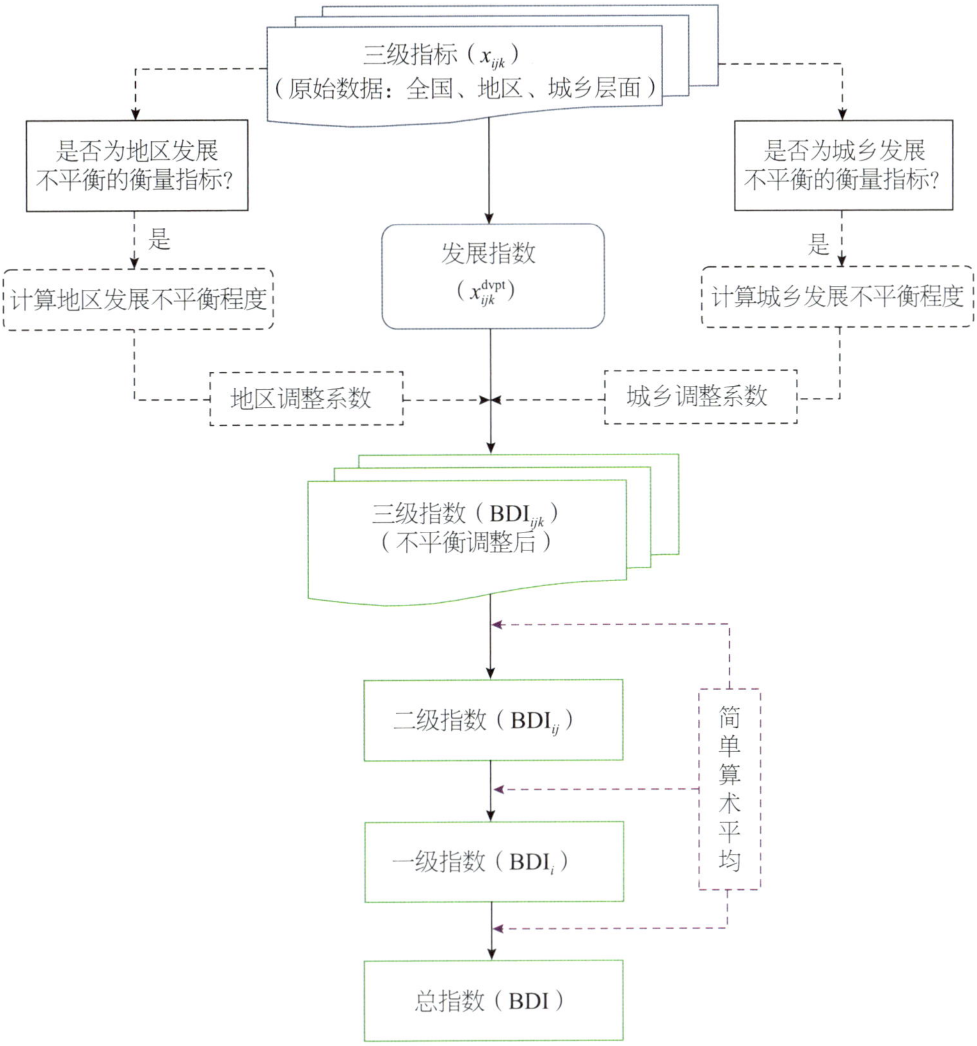

图 2-3　平衡发展指数的计算流程

第三章

中国平衡发展指数测算结果

一、平衡发展的总体趋势和主要特征

2018 年作为全面贯彻十九大精神的开局之年，面对严峻复杂的国际环境和国内经济运行下行压力，在以习近平总书记为核心的党中央的坚强领导下，我国经济社会发展取得重大进展，三大攻坚战初战告捷。纵观经济、社会、生态和民生四大领域，经济运行稳中有进，改革开放取得新突破；社会发展和谐稳定，人民群众安居乐业；生态文明建设扎实推进，污染防治落实到位；民生福祉持续提升，人民美好生活需要得到更好满足。

2012 年以来，我国经济社会持续较快发展，总体发展指数、平衡发展指数均稳步上升。其中，2018 年发展指数为 63.82，较 2017 年上升 1.39，与 2012 年相比年均上升 1.87；由不平衡导致的发展损失[①]为 16.5%，较 2017 年略微上升，与 2012 年相比基本持平；平衡发展指数为 53.29，较 2017 年提高了 0.92，与 2012 年相比年均提高 1.56（见图 3-1）。具体而言，我国经济、社会、生态和民生领域平衡发展均取得了较好成绩。2017—2018 年，经济平衡发展指数由 48.15 上升至 48.84；社会平衡发展指数由 54.54 上升至 56.50；生态平衡发展指数由 55.08 上升至 55.45；民生平衡发展指数由 51.72 上升至 52.38。可以看出，社会领域增长幅度最为明显，社会建设彰显成效（见图 3-2）。

① 发展损失的概念源于阿特金森指数（Atkinson's index），本报告主要参考了人类发展指数（human development index，HDI）的做法。其计算方法详见附录 F。

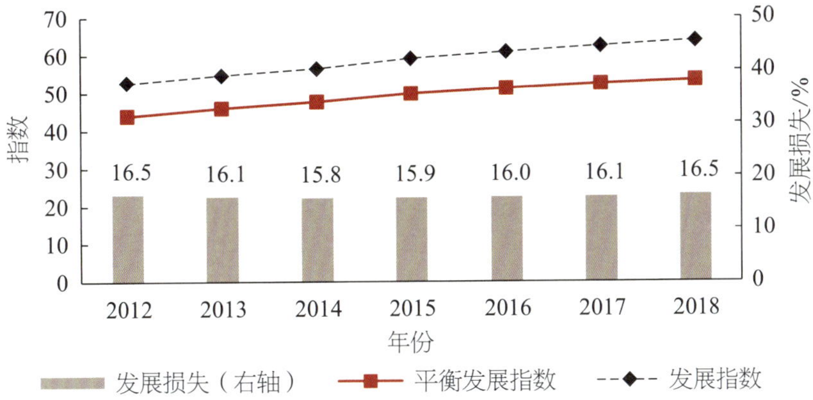

图 3-1　2012—2018 年中国总体平衡发展指数、发展指数及发展损失

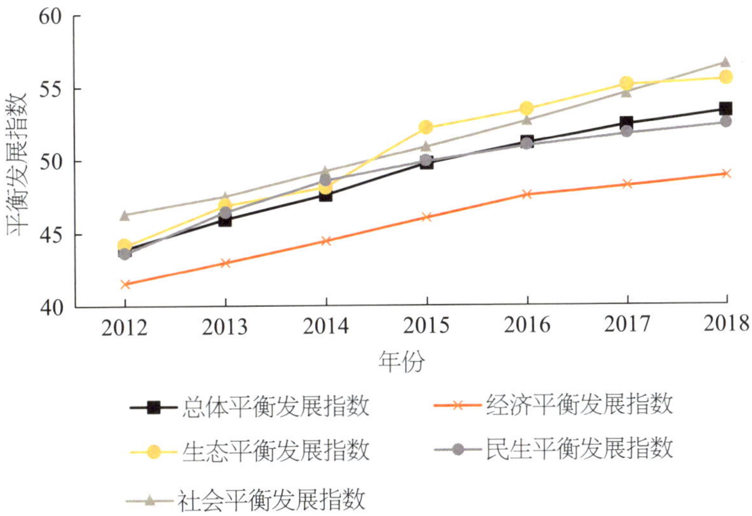

图 3-2　中国总体及各领域平衡发展指数趋势

从各领域对平衡发展指数改进的贡献来看（见表 3-1、图 3-3），社会领域贡献最为明显。2018 年社会领域平衡发展指数上升了 1.96，贡献率达到 53.26%；其次是经济领域，经济平衡发展指数上升了 0.69，贡献率为 18.80%。值得注意的是，自 2016 年起，社会领域对平衡发展指数改进的贡献在四个领域中持续领先。可见，近年来社会领域平衡发展的良好态势对我国总体平衡发展起到了重要的推动作用。

表 3-1 2013—2018 年平衡发展指数改进分解

项目＼年份	2013	2014	2015	2016	2017	2018
平衡发展指数变动	2.03（100%）	1.64（100%）	2.14（100%）	1.41（100%）	1.25（100%）	0.92（100%）
经济领域改进	1.42（17.51%）	1.47（22.38%）	1.56（18.20%）	1.52（26.92%）	0.62（12.42%）	0.69（18.80%）
社会领域改进	1.18（14.57%）	1.71（26.06%）	1.64（19.20%）	1.80（31.97%）	1.89（37.94%）	1.96（53.26%）
生态领域改进	2.71（33.39%）	1.25（19.08%）	4.04（47.32%）	1.26（22.37%）	1.66（33.34%）	0.37（9.99%）
民生领域改进	2.80（34.53%）	2.13（32.48%）	1.31（15.28%）	1.06（18.74%）	0.81（16.30%）	0.66（17.95%）

注：由于四个领域是等权重的，因此平衡发展指数变动等于四个领域改进的简单算术平均。括号内为贡献率。

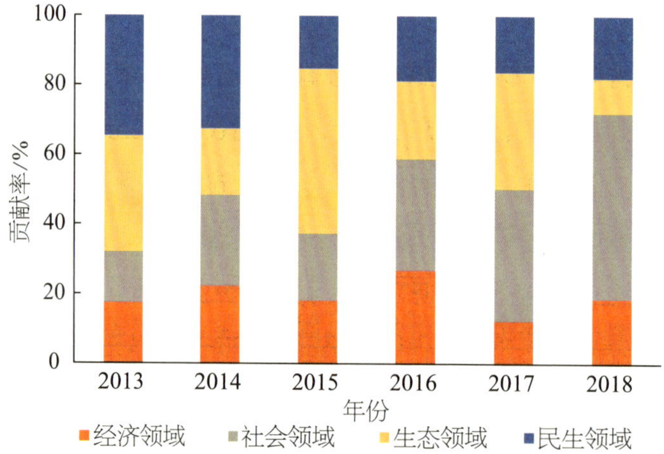

图 3-3 2013—2018 年四大领域平衡发展的贡献率

注：领域贡献率 =1/4× 某领域改进 / 平衡发展指数变动。

二、分领域平衡发展的趋势与特征

（一）经济发展

2018 年经济平衡发展指数为 48.84，较 2017 年上升 0.69（见图 3-4）。具体来看，2017—2018 年经济领域内部平衡发展指数的变化情况存在一定差异。其中，创新驱动和基础设施的平衡发展指数快速增长，前者从 2017 年的 39.54 上升至 2018 年的 42.07，后者从 2017 年的 39.64 上升至 2018 年的 41.72；经济效益平衡发展指数稳步上升，从 2017 年的 41.56 上升至 2018 年的 42.85；经济结构和人力资本的平衡发展指数稳中趋降，前者从 2017 年的 50.78 降至 2018 年的 49.00，后者从 2017 年的 69.20 略降至 2018 年的 68.54。

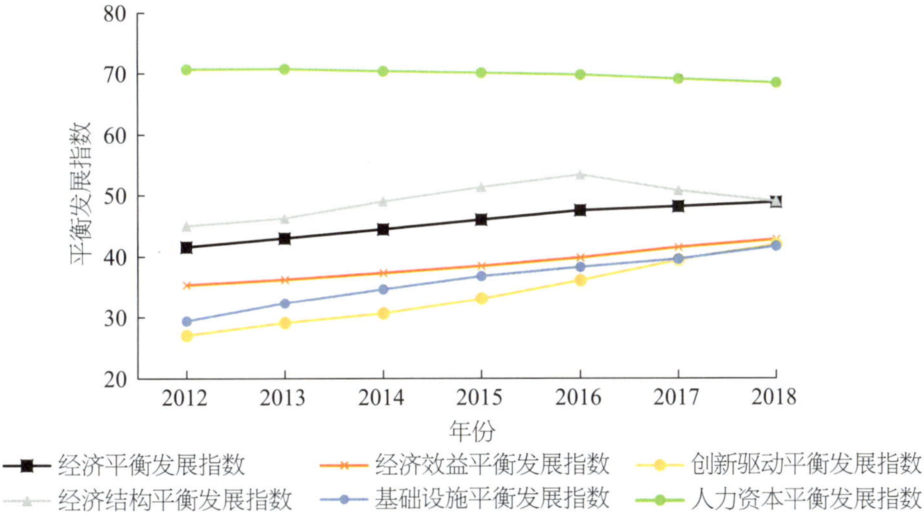

图 3-4　经济领域平衡发展指数趋势

近年来，我国积极推动经济结构调整和转型升级，大力推进服务贸易发展，并已取得显著成效，经济发展空间格局得到优化和拓展。但区域经济结构仍存在较为严重的不平衡，高技术产业呈现明显的产业聚集，地区差异明显，且长期以来，居民最终消费率严重偏低并持续走低，居民消费需求不足。此外，由于人口老龄化，我国劳动年龄人口占比持续降低，是人力资本平衡发展指数呈下降趋势的主要原因。

（二）社会进步

2018 年社会进步平衡发展指数为 56.50，较 2017 年上升 1.96（见图 3-5）。具体来看，社会领域内部平衡发展指数都保持增长。其中，社会治理平衡发展指数增长最为明显，从 2017 年的 27.29 上升至 2018 年的 30.62；社会文明和社会保障的平衡发展指数也呈现显著提升态势，前者从 2017 年的 44.40 上升到 2018 年的 47.25，后者从 2017 年的 61.18 上升至 2018 年的 63.73；社会安全和社会公平的平衡发展指数表现略微上涨，前者从 2017 年的 76.09 上升至 2018 年的 77.02，后者从 2017 年的 63.75 上升至 2018 年的 63.90。

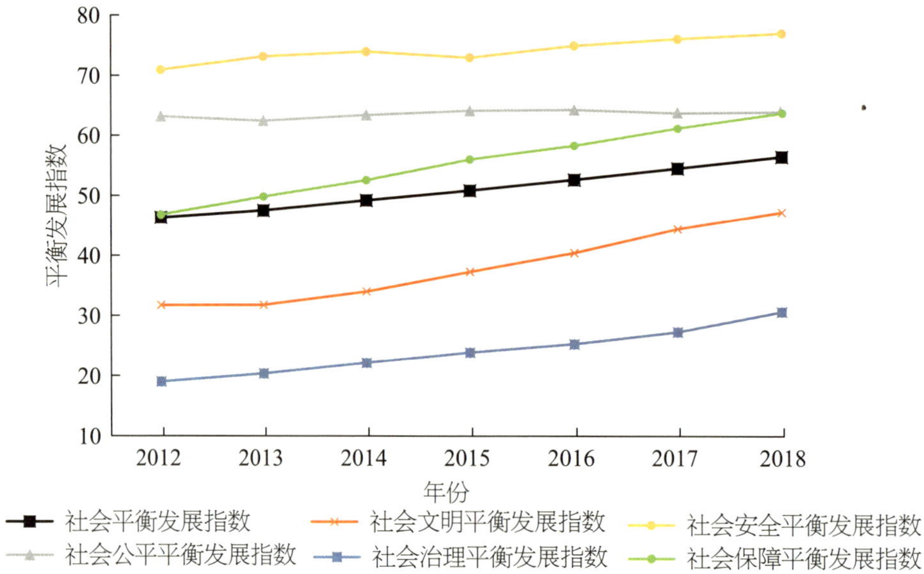

图 3-5　社会领域平衡发展指数趋势

十九大以来，我国在促进社会和谐发展方面采取了一系列措施，取得了积极成效，贫困发生率持续下降，养老金水平不断提高，人民群众的安全感显著提升，社会事业建设取得了重大进展。然而，随着我国改革攻坚进入深水区，社会领域也面临着一系列挑战，主要表现为社会治理总体水平有待进一步提高，高素质法治人才和队伍建设有待加强；社会文明不平衡问题依旧突出，文化资源区域壁垒亟须打破，中、西部地区对文化事业发展的投入需进一步加大；此外，安全生产监督管理也有待加强，安全生产整治工作需进一步深化。

（三）生态环境

2018 年生态环境平衡发展指数为 55.45，较 2017 年上升 0.37，持续稳步上升（见图 3-6）。具体来看，2017—2018 年生态领域内部平衡发展指数的发展变化存在差异。其中，空气质量和环境治理两个领域的平衡发展指数增长势头比较明显，分别较 2017 年上升 1.60 和 1.32；土壤质量平衡发展指数基本平稳；但水质量和生态保护两个领域的平衡发展指数有所下降，分别较 2017 年下降 0.18 和 1.12。

建设生态文明，关系到人民的福祉和民族的未来。党的十八大以来，政府对生态文明建设的重视达到了空前的程度，我国环境治理能力不断提升。2018 年度

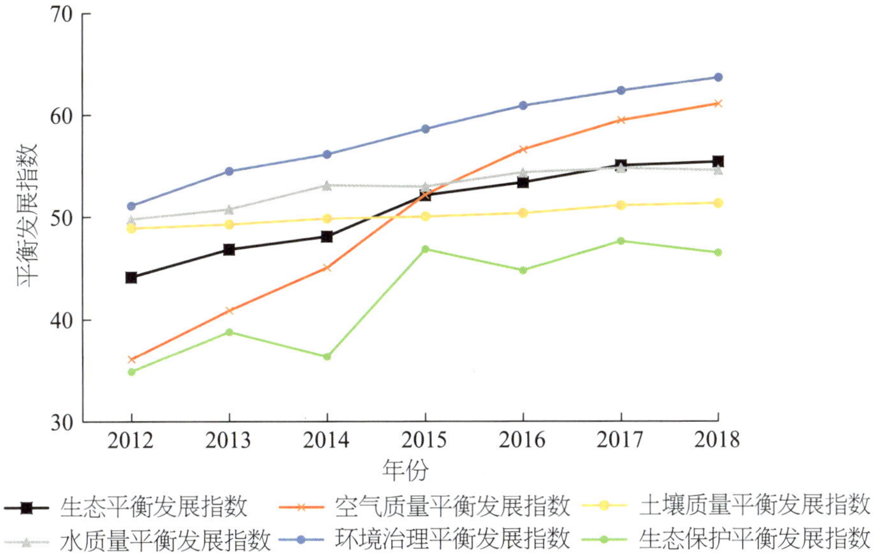

图 3-6　生态领域平衡发展指数趋势

空气质量和环境治理平衡发展指数显著上升，表明各级政府有针对性的整治和治理为生态环境的改善做出了很大贡献，空气质量明显改善，生态环境治理成效显著。但也要看到，生态环境建设依然任重道远，特别是在生态保护方面，需结合当地的自然条件和生态环境特点，注重因地制宜的自然生态系统的平衡，加大力度推动生态环境保护，扎实走好以生态优先、绿色发展为导向的发展道路。

（四）民生福祉

2018 年民生福祉平衡发展指数为 52.38，较 2017 年上升 0.66（见图 3-7）。具体来看，民生领域的内部平衡发展指数呈现不同变化趋势，收入、教育和居住的平衡发展指数持续向好，医疗健康和就业的平衡发展指数呈下降态势。其中，收入平衡发展指数为 33.45，较 2017 年上升 3.02；教育平衡发展指数为 60.64，较 2017 年上升 3.48；居住平衡发展指数为 57.17，较 2017 年上升 1.02；医疗健康平衡发展指数较 2017 年略微下降，从 66.53 下降至 66.18；就业[①]平衡发展指数也呈下降趋势，从 2017 年的 48.33 下降至 2018 年的 44.46，可见，就业压力依然

① 鉴于数据可得性与可比性，调查失业率于 2018 年正式对外公布，故 2012—2018 年就业平衡发展指数仅从结构层面展开讨论。根据官方公布，2018 年全国就业整体情况较为平稳，调查失业率达到预期目标。

较大，结构性失业问题需要持续关注。

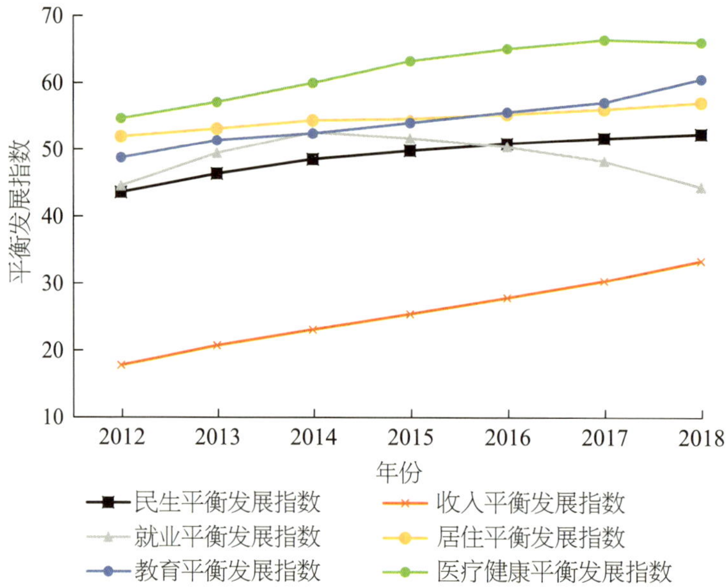

图 3-7　民生领域平衡发展指数趋势

十九大报告将“坚持在发展中保障和改善民生”列为基本方略，中央经济工作会议也多次将“惠民生”作为重要议题。近年来，我国民生福祉取得了长足的发展，精准脱贫成效显著，居民收入水平明显提高；农村居民便利设施普及率不断提升，农村居住条件得到持续改善；医疗人才资源持续增长，发展不平衡程度明显降低；教育投入力度持续加大，有效保障了人民群众的受教育权利。但与此同时，也存在一些有待完善之处，具体表现为：区域、城乡收入差距依然较大；就业领域仍表现出较为突出的结构性矛盾，特别是高技能工人始终短缺；房价收入比不平衡程度加剧，地区差异明显；每千老年人口养老床位数较去年有所下降且存在明显的地区差异；地区和城乡教育发展仍然不均衡。

三、地区和城乡发展平衡状况

从图 3-1 中可以看出，近年来总体发展损失基本维持在 16% 左右，持续位于较高区间，说明我国地区发展不平衡与城乡发展不平衡的问题仍然较为突出。

（一）地区发展平衡程度与特征

近年来，国家实施促进区域协调发展的战略，配套一系列区域政策，地区不平衡现象得以缓解，区域协调发展水平整体有所提高。根据测算结果（见图 3-8），2018 年我国地区发展的总体不平衡程度为 0.22，其中，生态领域最高，经济领域、社会领域次之，民生领域最低，依次为 0.33、0.24、0.20、0.12。基于动态变化的视角，2018 年我国地区发展总体不平衡程度与上年基本持平，其中，经济和民生领域与上年基本持平；社会领域出现小幅下降，较上年下降 0.01；生态领域较上年上升 0.01。相较于 2012 年，我国地区发展总体不平衡程度下降 0.01，其中，生态和社会领域基本持平，经济和民生领域均下降 0.02。

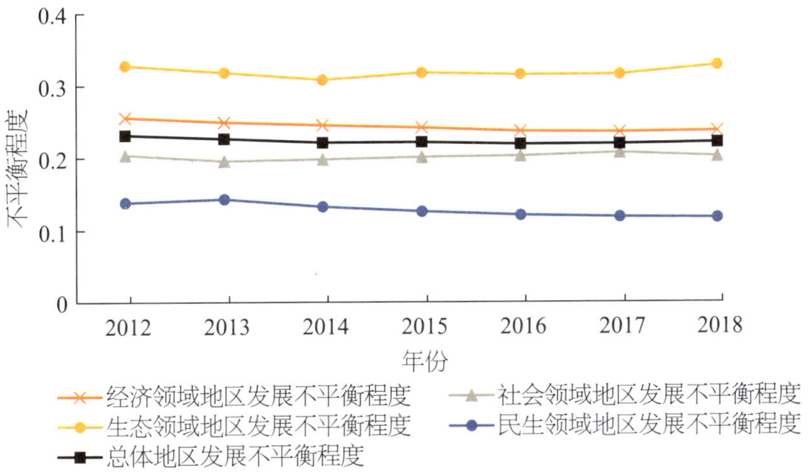

图 3-8　中国总体及各领域地区发展不平衡程度趋势

目前，我国地区发展依然处于不平衡状态，特别是生态和经济领域的不平衡程度相对较高。如图 3-9 所示，2018 年我国地区不平衡程度的测算结果高于 0.35 的三级指标主要分布在生态领域和经济领域。具体而言，2018 年地区不平衡程度排名前四的三级指标依次为地表水劣于 V 类水体比例、万人发明专利拥有量、高技术企业主营业务收入与 GDP 之比和细颗粒物浓度（PM2.5）未达标率，不平衡程度分别为 0.66、0.51、0.38、0.37（见图 3-9），上述指标的地区不平衡程度明显高于其他三级指标。未来各领域还需进一步推动区域优势互补及协调发展，尤其是生态领域和经济领域。

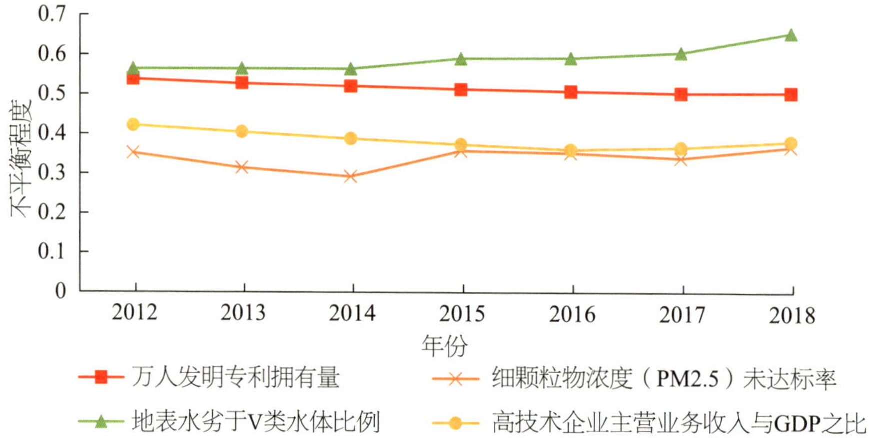

图 3-9 地区发展不平衡程度较高的部分三级指标趋势

（二）城乡发展平衡程度与特征

如图 3-10 所示，2018 年总体城乡不平衡程度为 0.22，与 2017 年基本持平，较 2012 年下降 0.05。本报告重点关注我国社会经济发展中城乡差异较为明显的六个方面，从 2018 年的城乡不平衡程度来看，养老金替代率最高，为 0.32；居民人均可支配收入次之，为 0.20；互联网普及率最低，为 0.15。

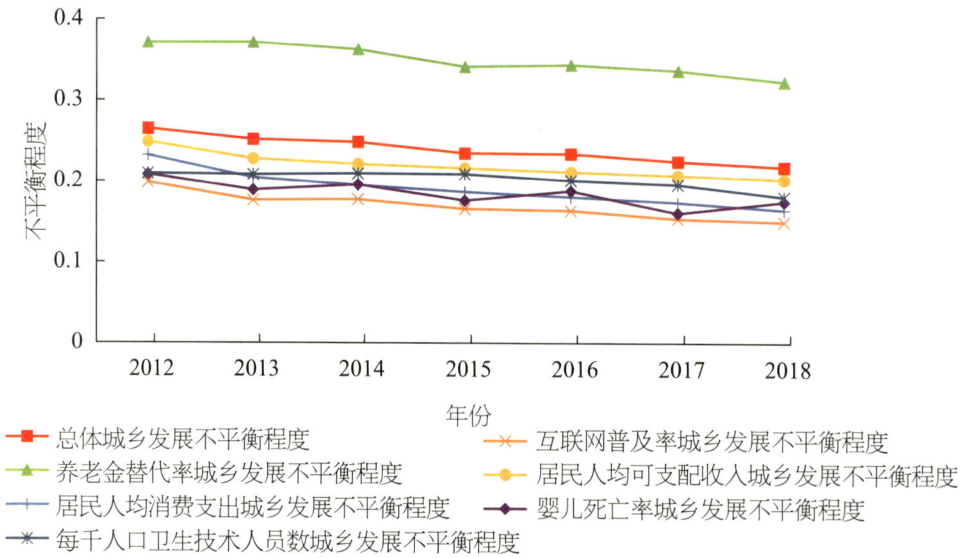

图 3-10 中国总体及六方面城乡发展不平衡程度

从 2017—2018 年的短期发展趋势来看，我国城乡发展不平衡问题总体略有改善。2018 年互联网普及率、居民人均可支配收入和居民人均消费支出的城乡发展不平衡程度与 2017 年基本持平，养老金替代率和每千人口卫生技术人员数有小幅下降。值得一提的是，2018 年我国城市婴儿死亡率下降幅度略高于农村，致使我国婴儿死亡率的城乡发展不平衡程度较 2017 年有小幅上升。从 2012—2018 年中长期发展趋势来看，各方面的城乡发展不平衡问题均明显改善，其中，居民人均消费支出城乡发展不平衡下降幅度最大，下降 0.07；互联网普及率次之，下降 0.05；每千人口卫生技术人员数下降幅度居于末位，下降 0.03。

近年来，我国坚持统筹城乡区域发展，大力实施乡村振兴战略，扎实推进新型城镇化，但现阶段城乡发展不平衡问题仍然突出，城乡之间特别是在收入、消费、社会保障、公共资源配置等方面还存在较大差距，这主要归结于城乡二元结构。一方面，农民工难以市民化。诸如城乡二元户籍制度、公共服务供给制度、农民工权利保障制度等不尽合理，直接导致农村剩余劳动力向城市转移实现市民化的成本太高。另一方面，城乡居民资源分配不够均衡，特别是在社会保障福利享受方面（如医疗和养老）、子女教育福利方面未能实现一致。国家应在各领域建立健全城乡一体化发展的体制机制和政策体系，以实现城乡在政策上的平等、产业发展上的互补、国民待遇上的一致，使整个城乡经济社会全面、协调、可持续发展。

第四章

中国平衡发展的成绩与问题

一、主要成绩

2018 年，我国总体保持平稳发展，平衡发展指数持续稳步上升。经济、社会、生态和民生各领域均取得了一定的发展成绩。研究结果显示，我国经济建设稳步增长，基础设施和创新驱动要素持续快速发展，经济效益不断提高；社会建设成效显著，社会治理、社会文明和社会保障呈现快速提升态势；生态建设持续推进，环境治理力度不断加强，空气质量持续改善，蓝天保卫战取得了阶段性进展；民生福祉小幅提升，收入、教育、居住等领域均有所改善。具体地，从平衡发展视角来看，2018 年我国取得的突出成绩主要体现在以下五个方面。

（一）居民收入状况持续上升，消费结构进一步优化

在全面建成小康社会和“十三五”规划即将收官之际，我国居民收入水平明显提高，消费能力不断增强，人民群众获得感、幸福感显著提升。据测算，2018 年收入平衡发展指数为 33.45，较上年上升 3.02；发展损失为 30.8%，较上年下降近 1 个百分点。其中，居民人均可支配收入平衡发展指数为 31.49，较上年上升 2.71；居民人均消费支出平衡发展指数为 35.41，较上年上升 3.02（见图 4-1）。总体上看，我国居民收入水平取得了较快发展，平衡程度得到进一步的改善。

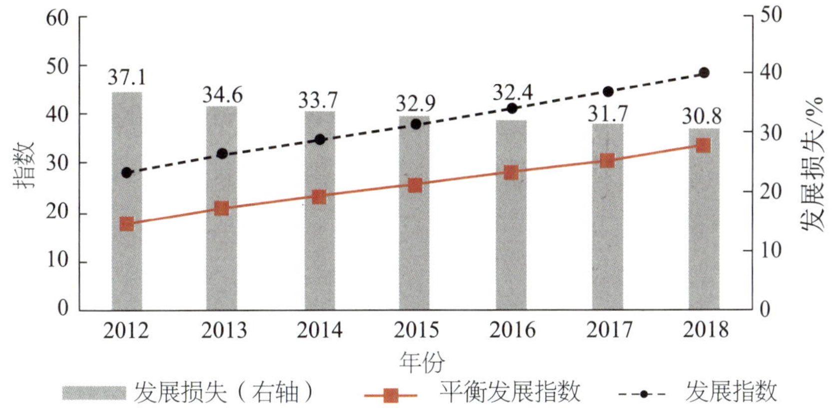

图 4-1 收入领域平衡发展指数、发展指数及发展损失

从收入角度看，我国居民收入水平持续改善，地区、城乡差距进一步缩小。2018 年，全国居民人均可支配收入 28 228.05 元，较上年增长 8.7%。分地区看，2018 年，西部地区居民人均可支配收入为 21 888.46 元，较上年增长 9.0%；中部地区居民人均可支配收入为 23 798.72 元，较上年增长 9.0%；东北部地区居民人均可支配收入为 25 550.02 元，较上年增长 6.9%；东部地区居民人均可支配收入为 36 273.61 元，较上年增长 8.6%（见图 4-2（a）），东西部收入差距进一步缩小。分城乡来看，2018 年，城镇人均可支配收入 39 250.84 元，较上年增长 7.8%；农村人均可支配收入 14 617.03 元，较上年增长 8.8%，涨幅连续 9 年快于城镇，城乡差距持续缩小（见图 4-2（b））。

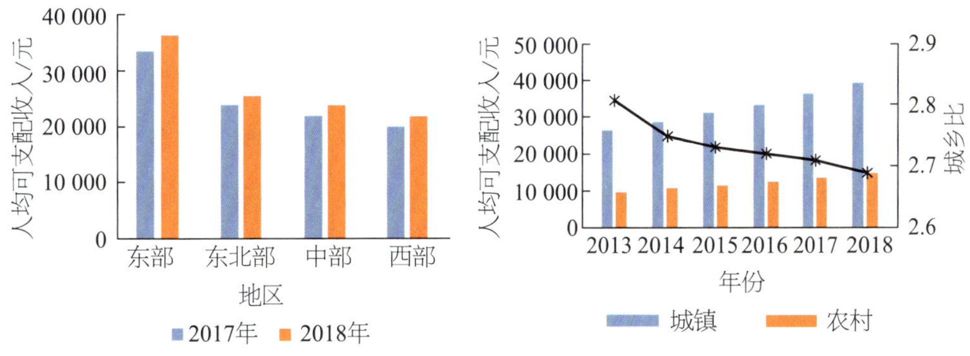

（a）区域人均可支配收入　（b）城乡人均可支配收入

图 4-2 我国分区域和城乡居民人均可支配收入趋势

从消费角度看，我国居民人均消费水平潜力巨大，消费结构进一步升级。随着居民收入水平的提高，各地区、城乡消费水平也呈现出逐年递增的现象。党的十八大以来，一系列支农惠农政策的贯彻落实，增强了农民的购买能力和消费意愿，促进了消费潜力的释放，农村消费水平明显加快，城乡消费发展不平衡问题有所缓解。2018 年，农村居民人均消费支出 12 124.27 元，较上年增长 10.7%；城镇居民人均消费支出 26 112.31 元，较上年增长 6.8%（见图 4-3）。整体看来，随着收入的不断提高，消费水平仍具有较大的提升空间。

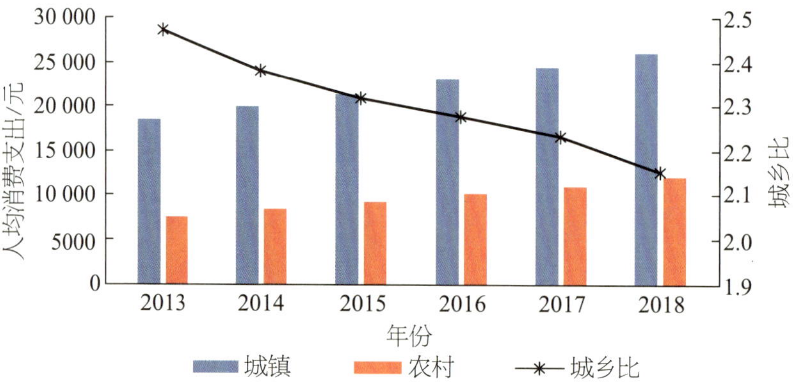

图 4-3　城乡居民人均消费情况趋势

从消费结构来看，农村消费结构调整速度明显快于城镇，城乡消费升级呈现不同的特征。如图 4-4 所示，2018 年城乡人均消费支出各项构成均得到良性增长，特别是农村人均消费支出中的居住，医疗保健，交通和通信，生活用品及服务，教育、文化和娱乐消费支出得到较快发展，较上年分别增长 13.0%、13.6%、12.0%、11.2% 和 17.1%；对比来看，农村消费支出各项构成的增速均高于城镇，特别是交通和通信、生活用品及服务、医疗保健支出，分别高出 7.4 个百分点、6.7 个百分点和 6.7 个百分点。从城乡消费支出来看，如图 4-5 所示，相比 2013 年，2018 年城乡居民在食品烟酒方面的消费支出份额呈现缩小的趋势，在其他方面的消费支出份额呈现不同程度的扩大。随着脱贫攻坚战进入最后冲刺阶段，居民消费也踏上了人民美好生活需要的“新车道”，在消费规模快速扩张的同时，消费升级步伐加快，消费层次也由温饱型向全面小康型转变。

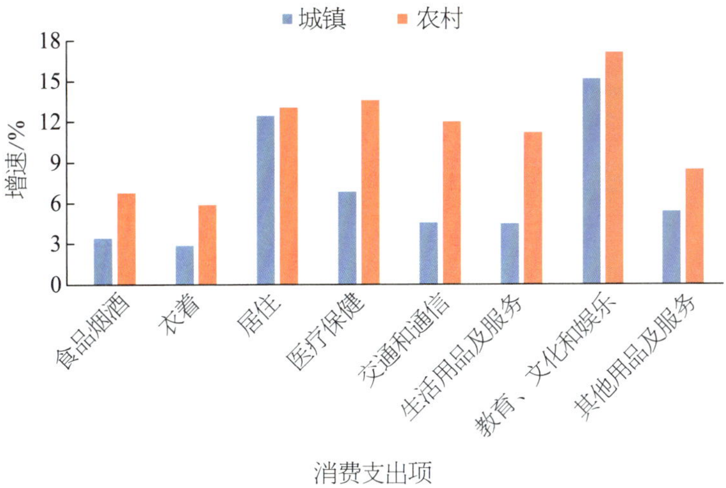

图 4-4　2018 年各消费构成项增速

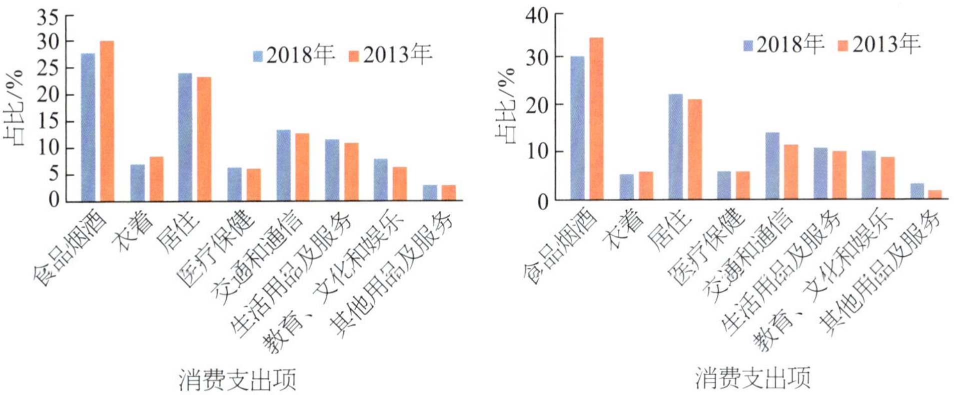

（a）城镇人均消费支出结构占比　（b）农村人均消费支出结构占比

图 4-5　城乡人均消费支出结构变化对比

（二）贫困发生率大幅下降，脱贫攻坚成效明显

据国家统计局全国农村贫困监测调查，2018 年末，全国农村贫困人口 1660 万人，较上年减少 1386 万人，贫困发生率为 1.7%，比上年下降 1.4 个百分点（见图 4-6）。在全面脱贫攻坚阶段，伴随精准扶贫政策的强力实施，我国基本实现了全面脱贫。按照每人每年 2300 元（2010 年不变价）的农村贫困标准计算，2019 年末农村贫困人口为 551 万人，比上年末减少 1109 万人，贫困发生率更是下降到 0.6%，比上年下降 1.1 个百分点。从我国东、中、西三大地区看，2019 年末农村

贫困人口均显著下降。西部地区农村贫困人口 323 万人，比上年减少 593 万人；中部地区农村贫困人口 181 万人，比上年减少 416 万人；东部地区农村贫困人口 47 万人，比上年减少 100 万人。分省份来看，2019 年各省份贫困发生率普遍下降至 2.2% 及以下。其中，贫困发生率在 1% ～ 2.2% 范围的省份有 7 个，分别为广西、贵州、云南、西藏、甘肃、青海、新疆；贫困发生率在 0.5% ～ 1% 范围的省份有 7 个，分别为山西、吉林、河南、湖南、四川、陕西、宁夏。

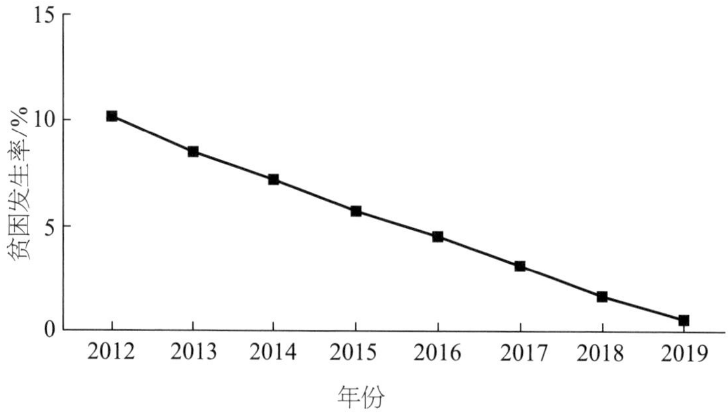

图 4-6　2012—2019 年我国贫困发生率变化趋势

我国脱贫工作取得显著成效得益于精准脱贫政策的有效实施。从 2018 年起，我国脱贫攻坚的重点转向 334 个深度贫困县和 3 万个深度贫困村。在持续采用区域瞄准的基础上，更加重视户到人的个体瞄准，明确了以 14 个集中连片特困地区、832 个贫困县和 12.8 万个贫困村为重点的精准脱贫任务，根据贫困人口致贫原因和脱贫需求，量身定制扶持措施。为保障政策部署实施的有效性，建立政府与社会共同参与的动员体系，一方面，建立五级书记抓扶贫的工作责任制和严格的监督考核制度，加大中央和地方财政资金投入力度；另一方面，完善全社会共同参与扶贫的动员体系。加大东西部扶贫协作，中央和国家机关、企事业单位和军队定点扶贫力度，强化驻村帮扶，共选派 24.2 万个驻村工作队、90.6 万名驻村干部增强一线力量。广泛动员社会组织参与扶贫，动员 7.64 万家民营企业结对帮扶 4.88 万个贫困村。

需要指出的是，我国的扶贫开发工作并非局限于提高贫困群众的收入，同时也强调提高基础设施、教育、文化、卫生等方面的发展水平。党的十八大以来，精准扶贫政策强调了“两不愁三保障”的多维贫困标准。除所有贫困户的年人均纯收入必须超过2300元贫困线（2010年不变价）之外，还必须保障其义务教育、基本医疗、安全住房等。在贫困村的退出考核中，水、电、路、卫生室、文化室等基础设施和公共服务设施也都是重要的考核指标。随着中央和地方政府不断加大扶贫工作力度，贫困地区的基础设施和公共服务水平均显著提高，贫困群体人居环境和外部发展条件也得到极大改善。系统性的扶贫措施有利于促进贫困群体多维度的福利改善，为其稳定脱贫奠定基础。

（三）互联网普及率持续提升，“新基建”助力经济数字化

由图4-7可见，2012—2018年，互联网普及率平衡发展指数和发展指数整体上均呈快速上升趋势，平衡发展指数从2012年的23.05上升至2018年的45.26，2018年相较2017年上升3.19；发展指数从2012年的34上升至2018年的58，2018年相较2017年上升2.92；发展损失呈快速下降趋势，2018年为22.0%，较2012年下降10.2个百分点，较2017年下降1.6个百分点，表明我国互联网普及率的发展不平衡问题得到了较为明显的改善。这主要得益于“十三五”时期，中国政府大力实施网络强国战略，先后提出的“宽带中国”战略和“互联网+”行动计划，加大了信息基础设施建设的投资力度和技术支持，互联网蓬勃健康发展，不同地区、人群间的信息鸿沟不断缩小。同时，数字化转型背景下，5G、大数据、人工智能、物联网等新一代信息技术与实体经济的深度融合，催生了平台经济、共享经济等新业态、新模式的不断涌现，不断推进数字化、网络化和智能化的深入发展，进而助推了新型基础设施建设的供给创新与变革，使得互联网应用场景日益丰富。“新型基础设施建设”加快了企业和产业的数字化转型以及消费互联网、工业互联网、产业互联网的网络生态体系建设，提高了网络质量和效益，为推进经济数字化转型进程、创造数字经济新价值和提升经济高质量发展提供了巨大新动能。

进一步地，如图4-8所示，从地区角度看，我国互联网普及率的地区发展不平衡程度快速下降，从2012年的0.154下降至2018年的0.082。中西部地区借助西部大开发、中部崛起发展战略契机，积极推进区域信息化、网络化建设以及区域间互联网的普惠式协同发展，区域间实现了经济和技术的跨越式发展，东部

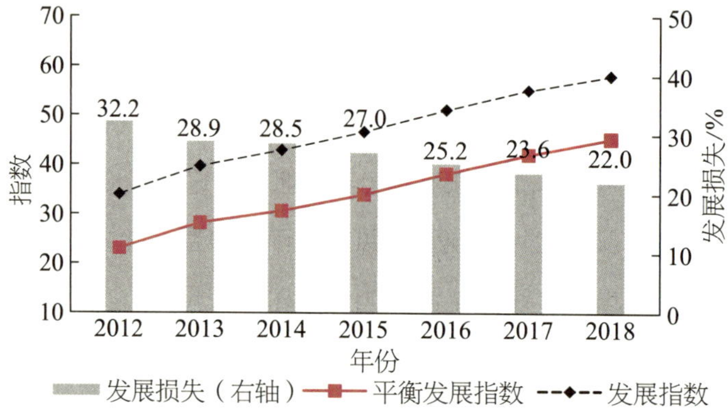

图 4-7 互联网普及率平衡发展指数、发展指数及发展损失

与中西部地区间的互联网普及率差异有收敛趋势。从城乡角度看，得益于农村基础电信和交通设施的改善以及消费结构升级，互联网发挥了显著网络效应，我国互联网普及率的城乡发展不平衡程度从 2012 年的 0.2 下降至 2018 年的 0.15。中国信息基础设施的高速发展优化了行业和地区间的资源配置、产业整合结构，打破了要素市场和产品市场的分割壁垒，有助于提高要素配置效率和城乡居民收入水平[①]，通过提升经济效率和全民参与度，填平了城乡“数字鸿沟”，促进了包容性增长[②]。互联网经济作为中国经济发展的新动能，正在重塑中国的经济地理格局。

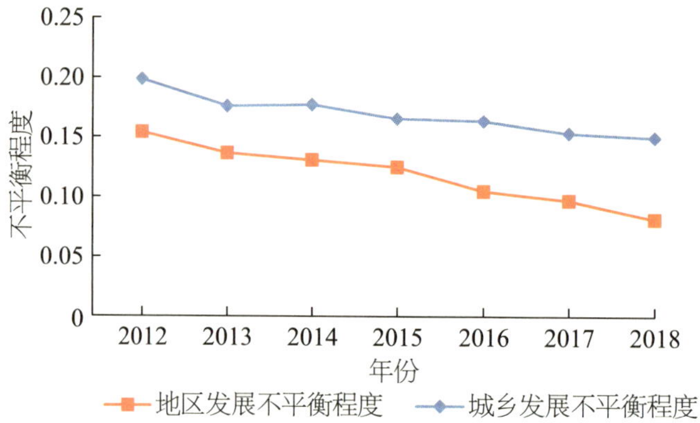

图 4-8 互联网普及率地区与城乡发展不平衡程度

① 贺娅萍，徐康宁 . 互联网对城乡收入差距的影响：基于中国事实的检验 [J]. 经济经纬，2019，36（2）：25-32.

② 张勋，万广华，张佳佳，何宗樾 . 数字经济、普惠金融与包容性增长 [J]. 经济研究，2019，54（8）：71-86.

（四）蓝天保卫战稳步推进，空气质量明显改善

2018 年 7 月，国务院发布了《打赢蓝天保卫战三年行动计划》，提出蓝天保卫战的具体工作目标，即经过 3 年努力，进一步明显降低 PM2.5 浓度，明显减少重污染天数，明显改善环境空气质量，明显增强人民的蓝天幸福感。为此，全国各地区进一步强化区域联防联控，推出了一系列环境保护政策和措施，包括成立京津冀及周边地区大气污染防治领导小组、建立汾渭平原大气污染防治协作机制、完善长三角区域大气污染防治协作机制、实施重点区域秋冬季大气污染综合治理攻坚行动等，不断提高全域空气质量，增强人民的蓝天幸福感。如图 4-9 所示，2018 年空气质量平衡发展指数为 61.07，较上年上升 1.6；发展指数也从 2017 年的 75.54 上升至 2018 年的 80.16。

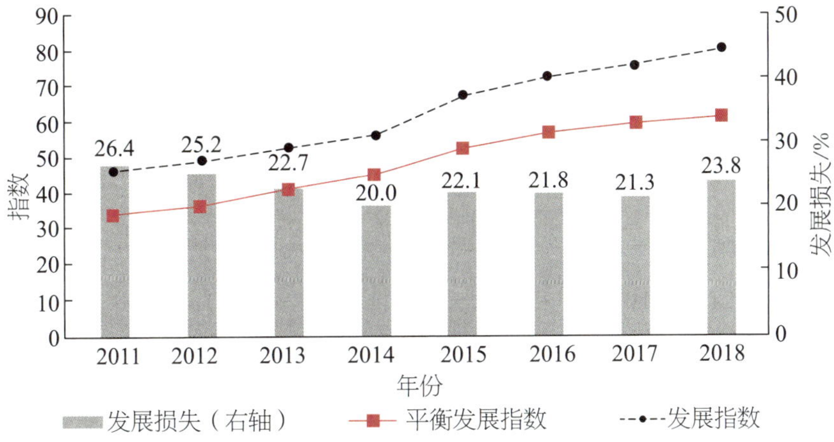

图 4-9 空气质量平衡发展指数、发展指数及发展损失

从地区层面看，2017—2018 年全国超过一半地区的空气质量指数优良率[①]小幅提高。具体地，如图 4-10 所示，在全国 31 个地区中，有 17 个地区的空气质量指数优良率提高，14 个地区的数值下降，空气质量指数优良率提高速度最快的五个省份分别为吉林、上海、重庆、安徽和辽宁。另外，2017—2018 年，全国除少数几个 PM2.5 未达标率较小的省份稍有上升外，其他省份的 PM2.5 未达标率均有

① 为了与上一期报告保持一致，此处仍然沿用空气质量指数指标进行分析。不过，我们注意到，现阶段我国的空气污染物已经发生变化，臭氧也在增加，而现有空气质量指数指标的统计口径没有反映出这种变化，结果与实际情况可能存在一定出入。因此，在未来的报告中，我们将对指标进行调整。

所下降。其中，如图 4-11 所示，全国 PM2.5 未达标率较高的河北、河南和北京三个省份近年来 PM2.5 未达标率均呈现迅速波动下降态势，PM2.5 未达标率改善效果明显，到 2018 年与 PM2.5 未达标率较低的广东、重庆等省份的差距明显缩小；此外，辽宁、上海、甘肃、重庆和广东等 PM2.5 未达标率较低的省份近年来 PM2.5 未达标率也呈波动下降趋势。

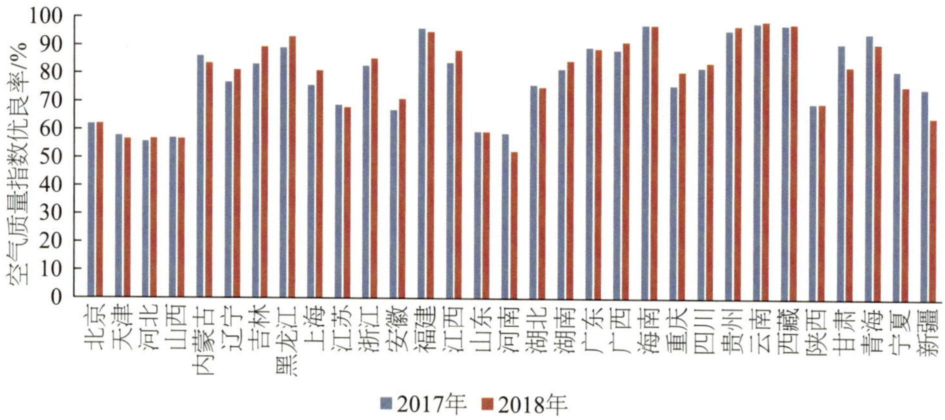

图 4-10 2017 年和 2018 年空气质量指数优良率

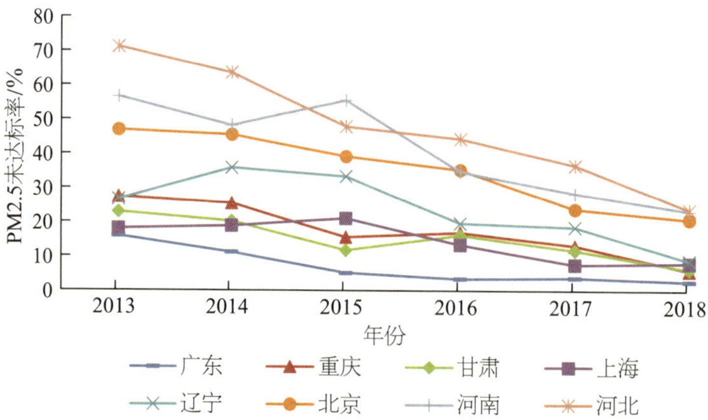

图 4-11 2013—2018 年我国典型省份 PM2.5 未达标率发展趋势

根据图 4-9 还可以看出，2013—2018 年空气质量发展损失呈现波动性下降态势，其中 2018 年空气质量发展损失有小幅增长，由 2017 年的 21.3% 上升为 2018 年的 23.8%，这可能与各地区的治理力度不一有关，由于各地区空气质量状况差距较大，空气污染严重的地区治理力度难免会更大。

（五）我国医疗资源供给持续增长，居民健康水平显著提升

2009 年中共中央、国务院发布《关于深化医药卫生体制改革的意见》（中发〔2020〕5 号），中国医药卫生体制进入深化改革阶段。党的十八大以来，我国不断深化医药卫生体制改革，全面医保制度逐步完善，医疗卫生服务体系不断健全，卫生健康服务能力进一步提升。此外，我国有效落实《医药卫生中长期人才发展规划（2011—2020 年）》（卫人发〔2011〕15 号），不断加大卫生健康人才培养和引进力度，加强人才队伍建设，卫生人力资源供给实现稳步增长。2018 年我国每千人口卫生技术人员数为 6.83 人，较 2012 年提升 1.89 人，为推进实施健康中国战略提供了有力的人才保证。从分布上看，如图 4-12 所示，2018 年我国各省份的每千人口卫生技术人员数较 2012 年都明显上升，各省份的卫生健康人才工作都取得积极进展。

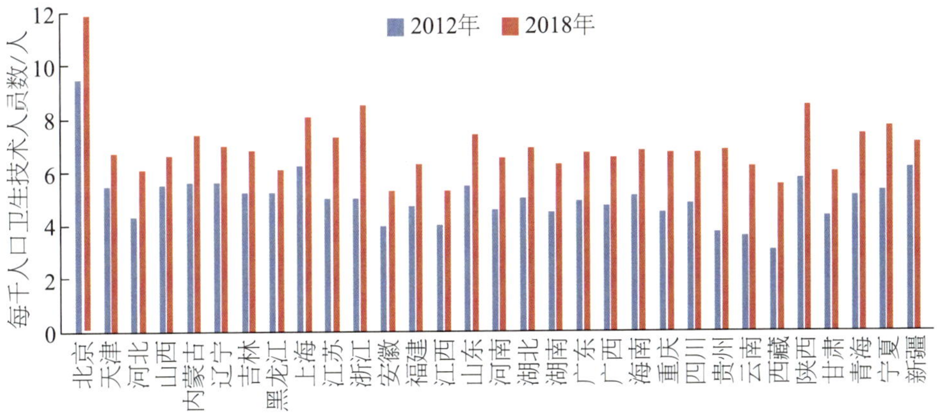

图 4-12　2012 年和 2018 年我国各省份每千人口卫生技术人员数

与此同时，我国不断优化医疗卫生资源的结构和布局，加大资源调整力度，合理把控卫生健康人才资源配置，将医疗卫生建设重点向老少边穷地区倾斜，加强这些地区医疗卫生服务体系发展和人才定向培养的支持力度。如图 4-13 所示，2014 年以来我国每千人口卫生技术人员数的地区发展不平衡程度和城乡发展不平衡程度持续下降，其中地区发展不平衡程度从 2014 年的 0.08 下降至 2018

年的 0.07，年均下降 2.21%；城乡发展不平衡程度从 2014 年的 0.2093 下降至 2018 年的 0.1807，年均下降 3.62%。这表明我国卫生人力资源分布的地区差距和城乡差距在不断缩小。从发展损失来看，如图 4-14 所示，我国每千人口卫生技术人员数的发展损失自 2013 年起呈下降趋势，2018 年降至 23.7%，进一步说明我国医疗资源分布逐渐趋于平衡。然而，需要注意的是，我国每千人口卫生技术人员数的发展仍然处于高度不平衡状态，还需进一步采取措施缓解医疗资源和卫生人才的发展不平衡现状。

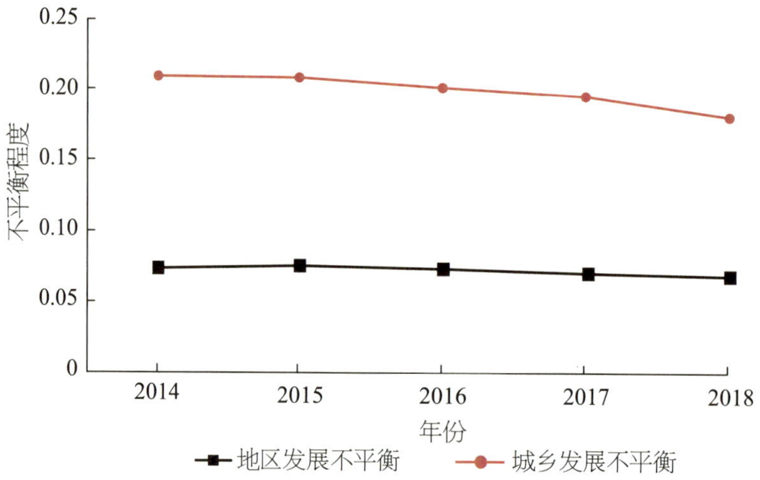

图 4-13　每千人口卫生技术人员数地区发展不平衡程度和城乡发展不平衡程度

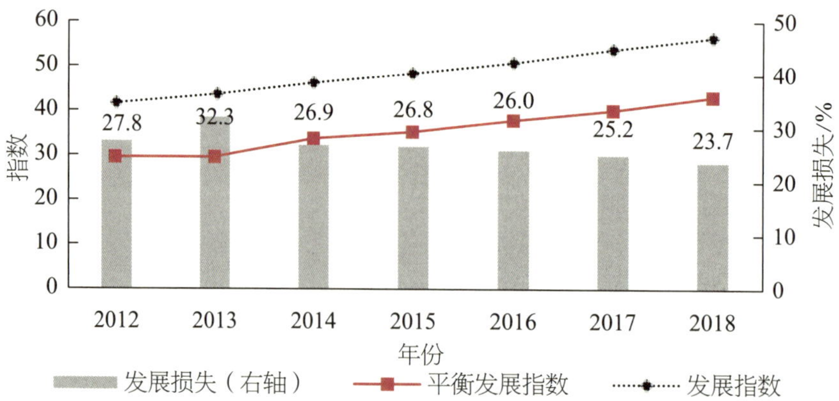

图 4-14　每千人口卫生技术人员数平衡发展指数、发展指数及发展损失

此外，从我国婴儿死亡率和出生时预期寿命的发展趋势来看，2012 年以来，

我国婴儿死亡率持续下降，出生时预期寿命持续上升[①]。2018 年我国婴儿死亡率为 6.10‰，较 2012 年的 10.3‰ 下降了 4.2 个千分点，城市和农村的婴儿死亡率也都明显下降，分别下降了 1.6 个和 5.1 个千分点；2018 年我国出生时预期寿命为 76.70 岁，较 2012 年的 75.01 年增加 1.69 岁。可以看出，我国健康事业发展呈现良好态势，居民健康水平显著提升。

二、主要问题

当前，我国社会主要矛盾的基本性质没有发生改变，发展不平衡不充分问题仍然是我国经济社会发展面临的长期问题。指数测算结果显示，2018 年我国在经济、社会、生态和民生领域中均存在不同程度的发展不充分问题，除部分上期遗留问题外，如居民收入差距、医疗资源分布不均、教育不平衡等，在本期报告中，我们还发现了一些新问题和新情况。具体地，从平衡发展视角出发，现阶段我国主要存在以下五个方面的问题。

（一）创新能力不适应高质量发展要求，科技领域“卡脖子”问题亟待解决

创新是引领高质量发展的动力源泉，创新驱动是建设现代化经济体系的重要战略支撑。从万人发明专利拥有量、R&D 经费投入来看，我国自主知识产权技术创新能力有较大提升。2018 年我国万人发明专利拥有量为 11.91 件 / 万人，比 2012 年提升了 8.42 个百分点；2019 年我国 R&D 经费投入总量为 22 143.6 亿元，比上年增加 2465.7 亿元，增长 12.5%，增速较上年加快 0.7 个百分点，连续 4 年实现两位数增长，延续了“十三五”以来较快的增长势头；R&D 经费投入强度（R&D 经费投入与 GDP 之比）为 2.23%，“十三五”期间 R&D 经费投入强度提升了 0.17 个百分点，2019 年比上年提高 0.09 个百分点，再创历史新高。

① 婴儿死亡率数据来源于《中国卫生健康年鉴》，出生时预期寿命数据来源于世界银行：https://data.worldbank.org.cn/。

从国际比较看[①]，2013 年以来我国 R&D 经费总量一直稳居世界第二，2016 年超过欧盟 28 国平均水平，且与美国差距逐步缩小；我国 R&D 经费投入强度稳步提升，自 2012 年，中国 R&D 经费投入强度超过欧盟 28 国平均水平，与 OECD 国家平均水平差距缩小。然而，中国的 R&D 经费投入强度与美国、日本、奥地利等发达国家仍存在一定差距。此外，从 R&D 经费投入结构看[②]，我国基础研究占比偏低的问题仍比较突出，发达国家基础研究占 R&D 经费的比例在 15% 至 25% 之间，我国基础研究占 R&D 经费的比例只是发达国家的三分之一到五分之一。能真正形成关键核心技术的重要科技成果仍不足，在“基础材料、基础工艺、基础零部件（元器件）、基础软件和高端实验仪器、高端试验设备”等关键领域和环节的“卡脖子”问题较为突出，满足高质量发展内在需求的创新能力有待进一步提高。

（二）劳动年龄人口占比下降速度变快，就业结构性矛盾凸显

目前我国就业状况大体保持稳定，据国家统计局数据显示，2018 年末全国就业人员为 77 586 万人，其中城镇就业人员 43 419 万人。全国城镇新增就业人员达 1361 万人次，较上年增长 10 万人次，并连续 6 年保持在 1300 万人次以上。从调查失业率上看，2018 年各月全国城镇调查失业率保持在 4.8% ～ 5.1% 之间。

然而，我国就业仍表现出较为突出的结构性矛盾。

一方面，劳动年龄人口占比下降较快，2018 年劳动年龄人口占比平衡发展指数为 75.94，较 2017 年下降 1.73（见图 4-15）。自 2012 年以来，中国劳动年龄人口数量连年下降，同时伴随着老龄化程度的不断加深，导致了劳动年龄人口占比持续下滑，成为阻碍中国经济可持续增长的重要问题[③]。特别是，劳动年龄人口数量下降在农民工数量的增长乏力上也有所体现，随之而来的是用工难问题和劳动成本上升。

---

① 国际比较数据来自经济合作与发展组织（OECD）官方网站数据库 https://data.oecd.org，最新数据为 2018 年。

② R&D 经费投入数据来自国家统计局官方网站：解读《2019 年全国科技经费投入统计公报》，http://www.gov.cn/xinwen/2020-08/27/content_5537853.htm

③ 庹思伟，周铭山．人口结构、劳动参与率与长期实际利率演变——基于女性劳动文化视角的研究 [J]. 中国工业经济，2020（12）：47-63.

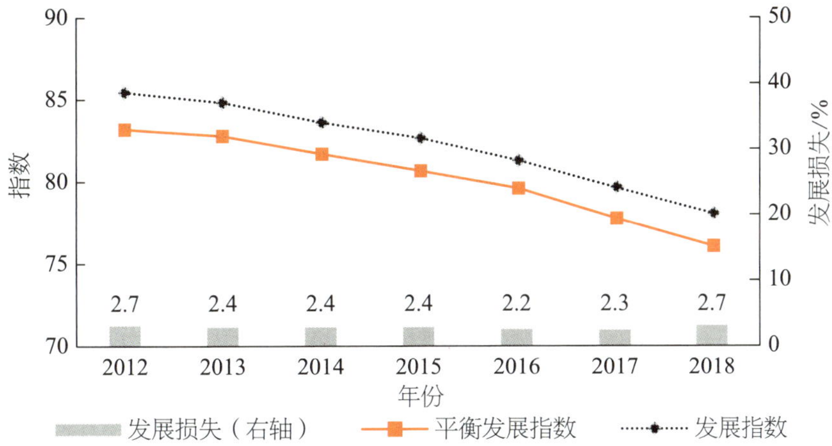

图 4-15　劳动年龄人口占比平衡发展指数、发展指数及发展损失

另一方面，我国技能人才短缺问题较为突出。人力资源和社会保障部的统计数据显示，目前我国技能劳动者数量只占全国就业人员总量的 1/5，高技能人才数量不足 6%，如图 4-16 所示，2012—2018 年全国技术人才求人倍率[①]均在 2 上下徘徊，且 2014 年以来有上升趋势。其中，技能劳动者的求人倍率一直在 1.5 以上，高级技工的求人倍率甚至达到 2 以上。我国技能劳动者的供给严重不足，技工短缺现象非常突出。近年来，我国产业结构调整进程加快，而教育培养结构却滞后于经济产业需求的变化，部分专业的大学生供过于求、紧缺专业人才短缺，造成就业结构性矛盾日益突出。

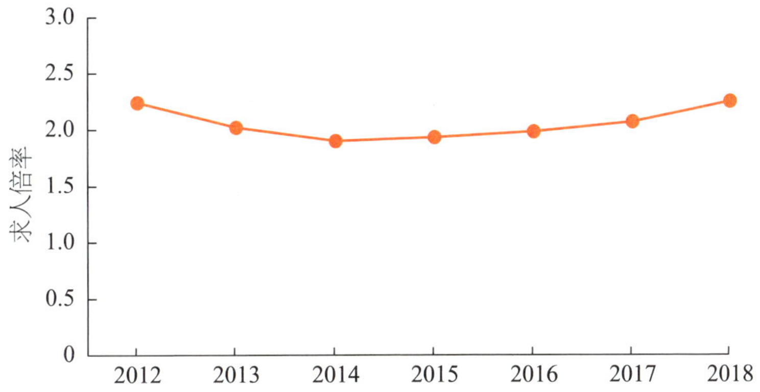

图 4-16　中国技术人才求人倍率趋势

① 此处的技术人才求人倍率是根据高级技师、技师、高级技能师以及高级工程师四类高技术人才的求人倍率经几何平均计算得到的。

（三）文化资源不平衡问题依旧突出，东中西部地区差异明显

2018 年，中央及各地政府持续推动深度贫困地区特色文化产业发展，继续实施“三馆一站”、公共数字文化建设等文化项目，为支持各地区文化事业发展投入大量财力、物力，社会文明建设颇有成效。据统计，2018 年末全国公共图书馆共有 3176 个，与上年末相比增加 10 个；图书总藏量 10 3716 万册，比上年末增长 7.0%；人均文化事业费达到 66.53 元，比上年增加 4.96 元，增长 8.1%。然而，公共文化服务不断完善的同时，各地区之间文化资源不平衡问题却依旧突出。

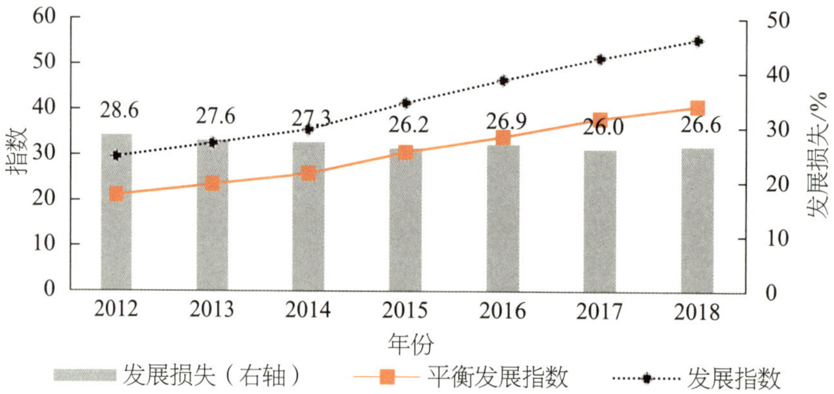

图 4-17　2012—2018 年人均文化事业费平衡发展指数、发展指数及发展损失

根据中国平衡发展指数测算结果，2018 年人均文化事业费发展损失高达 26.6%，相较于 2012 年有所下降，与 2017 年相比稍有上升（见图 4-17）。从区域来看，由于各地区自身的经济实力之间存在差异、对文化事业的重视程度和投入程度不同，以及中央的扶持力度不一，区域间文化事业费的差异比较明显。具体而言，2018 年东部地区人均文化事业费为 83.89 元，中部地区、西部地区人均文化事业费分别为 44.69 元、64.00 元，东部地区分别为中、西部地区的 1.88 倍、1.31 倍。可以看出，各区域间人均文化事业费差异较大，其中以中部地区与东部地区差距最为明显。类似地，人均拥有公共图书馆藏量也存在这种地区间的失衡现象，具体表现为东部沿海地区以及个别西部省份，如宁夏、青海等拥有藏量较多，而中部地区相对来说拥有藏量较少。因此，针对我国文化资源不平衡的问题，各级政府应该全面把握文化事业发展，持续推进文化事业建设；尤其是中、西部地区，

需进一步加大对文化事业发展的投入，努力缩小区域差异。

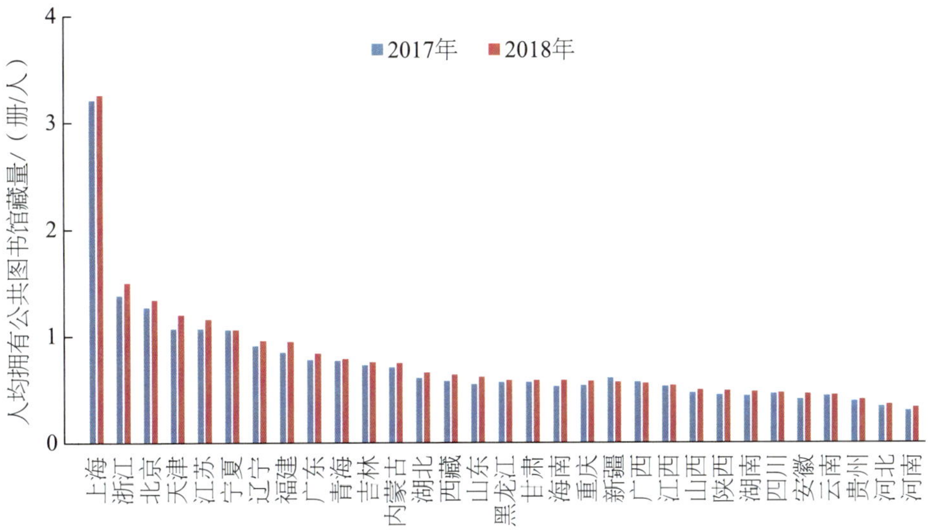

图 4-18　2017 年及 2018 年各省份人均拥有公共图书馆藏量

（四）社会法治水平有待进一步提升，地区不平衡问题突出

法治作为实现国家治理体系和治理能力现代化的重要依托，也是社会治理的基础性保障。律师群体作为我国法治建设的重要力量，律师队伍建设应与国家经济社会发展的总体趋势相适应，逐步开创律师队伍发展建设的新局面。目前我国经济发展进入新常态，国家在调整经济结构、转变发展模式、全面对外开放的过程中，出现了许多新兴领域，在诸如环境、金融、涉外、知识产权等方面，律师行业的发展迎来了更多的机遇与挑战。党的十九大以来，以人民为中心打造“共建共治共享”的社会治理格局在实践中取得了重要进展，但是在社会治理法治化过程中仍存在不平衡不充分的问题。我国每十万人拥有律师数平衡发展指数呈逐年上升态势，但整体发展水平仍然较低。2018 年为 18.16，较 2017 年增加 3.36。2018 年我国每十万人拥有律师数的发展损失为 22.2%，较 2017 年降低 2.9%（见图 4-19），仍然属于高度不平衡状态。可见，我国法治资源分布范围亟须扩大，社会法治水平有待进一步提升。

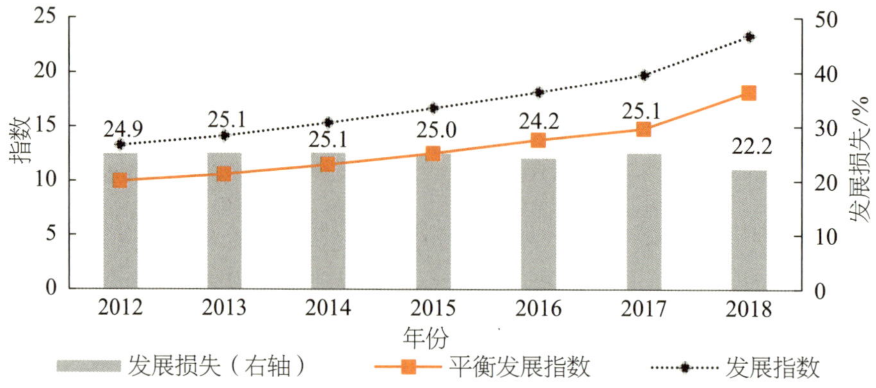

图 4-19　每十万人拥有律师数平衡发展指数、发展指数及发展损失

从区域层面来看，我国东中西部的每十万人拥有律师数存在较大差异，东部地区明显高于中部地区和西部地区。2018 年，东部地区的每十万人拥有律师数为 42 人，较 2017 年增加 5 人；而中部地区和西部地区的每十万人拥有律师数仅为 22 人和 25 人，较 2017 年分别增加 4 人和 3 人（见图 4-20）。究其原因，一方面，囿于我国各地区经济发展水平存在显著差异，致使社会法治水平的地区不平衡问题突出，经济欠发达地区的法治资源较为匮乏；另一方面，与发达国家相比，我国法治资源体量处于较低水平，社会治理体系仍需不断改进与完善。各级政府应着力解决社会法治发展不平衡不充分问题，探索出适合中国国情的社会治理体系。

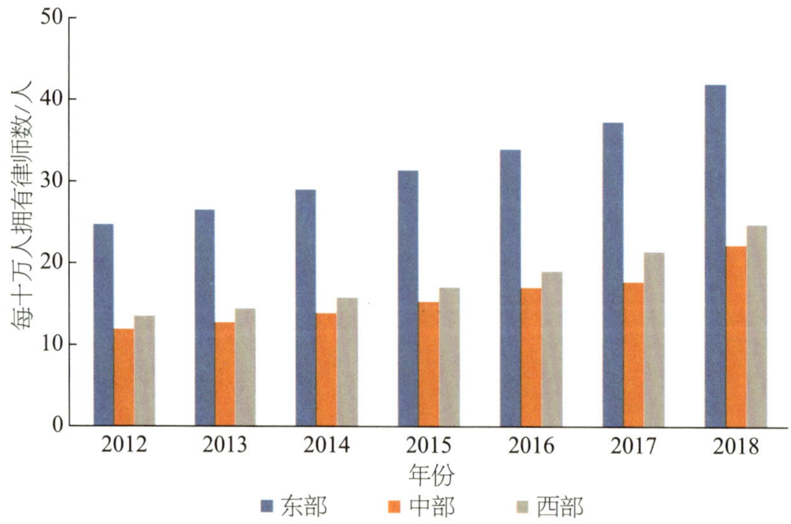

图 4-20　各区域每十万人拥有律师数

（五）养老资源地区不平衡程度上升，每千老年人口养老床位数由升转降

为积极应对我国人口老龄化问题，推动老龄事业健康发展，2011 年国务院印发了《中国老龄事业发展“十二五”规划》（国发〔2011〕28 号，下文简称“规划”），提出了全国每千名老年人拥有养老床位数达到 30 张的主要发展目标。2012—2016 年期间，在规划的倡导和鼓励下，我国每千老年人口养老床位数不断上升，从 2012 年的 21.48 张上升至 2016 年的 31.62 张，上升了 47.2%，年均增长率为 13.8%；每千老年人口养老床位数平衡发展指数和发展指数也迅速上升，期间分别上升了 26.48 和 25.35。然而，居家养老仍是我国主流的养老方式，老人的养老支付意愿和支付能力都有所不足，导致养老床位出现了较高的空置率，为此近年来一些养老服务机构缩减规模、减少空床，甚至一些不景气的养老机构最终关闭。2018 年我国每千老年人口养老床位数降至 29.15 张，每千老年人口养老床位数平衡发展指数和发展指数分别降至 61.70 和 72.88。

从地区分布来看，2018 年每千老年人口养老床位数最低的三个省份分别是西藏、海南和云南，平均仅有 11.64 张；最高的三个省份分别是江苏、浙江和内蒙古，平均高达 47.1 张，是前者的 4.05 倍，也是全国水平的 1.62 倍，每千老年人口养老床位数存在明显的地区差异。2012 年以来，我国每千老年人口养老床位数发展损失从 2012 年的 23.8% 下降至 2017 年的 14.1%，地区发展不平衡程度从高度不平衡水平降至中度不平衡水平。然而，2018 年发展损失又回升至 15.3%，养老资源地区发展不平衡程度上升至中高度不平衡水平（见图 4-21）。

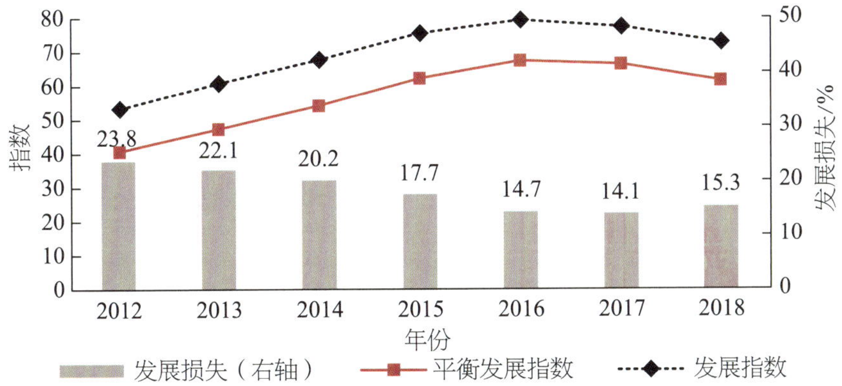

图 4-21　每千老年人口养老床位数平衡发展指数、发展指数及发展损失

三、政策建议

（一）加强技术创新体系和扩散体系建设，提升国家创新能力

一方面，要加强基础研究和基础技术的研究，完善技术创新体系建设。加大投入力度，推动高校、科研机构和企业对基础核心技术的研发，在科研管理体制和激励机制方面更多引入市场化的手段，提升科研经费的投入产出绩效。更多地投入资金支持行业共性技术创新平台、实验体系和企业研发体系建设，积极组建重点实验室、工程实验室、工程中心。加强需求侧的政策扶持，针对早期用户和实验性用户提供补贴，为企业创造通过“用中学”不断提升技术能力的机会。

另一方面，要建立覆盖面广的科技成果转移专业机构，构建治理良好、运转有效的技术扩散体系。构建国家、部门和地方在公益、共性技术领域的技术转移中心和协同工作网络平台，支持地方和有关机构建立完善区域性、行业性技术市场，形成不同层级、不同领域技术交易有机衔接的新格局。发挥专业机构在公共服务体系中的平台功能，承担主要科技成果转移过程的风险，并与科研院所和企业共享收益。建立强大的科技成果转移队伍，解决“最后一千米”问题。

（二）实施更加积极的就业优惠政策，促进高水平就业保障转型

就业是最大的民生问题，当前我国正面临着较为突出的就业结构性矛盾，稳定并扩大就业容量、提高就业质量、实现更加充分的就业是今后需要长期努力的重点领域。一方面，随着老龄化程度不断加深，劳动力成本在中国市场逐步失去优势，相关产业大量向南亚、东南亚等劳动力成本较低的国家转移，直接导致了中国经济结构的深层次转变[①]，而通过产业结构升级、创新驱动来提高劳动生产率，实现经济高质量发展的举措，在很大程度上会造成大量包含农民工在内的从事劳动密集型工种的人员面临失业风险；另一方面，随着我国产业优化升级步伐的加快，大量的新经济、新动能企业拔地而起，但随之而来的又是高端研发人才短缺、

① 张斌．经济转型背景下提高直接税比重的必然性与策略[J]．河北大学学报（哲学社会科学版），2019，44（1）：16-25.

复合型人才紧缺、高技能人才供给不足等“技工荒”的问题[①]。因此，今后一段时期必须把“稳就业”放在更加突出的位置，坚持实施就业优先战略和更加积极的就业政策。

一是建立政府帮扶困难群体就业的责任制度。把解决好中低端劳动群体和大龄失业人员就业问题作为各级政府责任目标，加大再就业培训力度，提高相关人员的就业能力。二是加大基础、交叉学科人才培养力度。聚焦国家战略需求，释放高校基础研究、科技创新潜力，加大对数学、物理、化学、生物、计算机科学等基础学科人才的培养力度。三是推动教育提质培优，完善高校实践教学体系。高技能人才短缺的核心问题在于教育体制和企业人才需求的不匹配。因此，一方面高校需要建立更加灵活、多元的人才考评机制，完善高校教师分类评聘与管理体系；另一方面需要推动职业教育提质培优，优化职业教育层次结构，健全职业教育标准体系。同时，建立制度化校企合作机制，强化企业在学校教学安排、课程设计、人才评价等环节的作用，建立起完善的高校实践教学体系。

（三）持续完善公共文化服务体系，推动地区间文化事业协调发展

一是继续贯彻落实《中华人民共和国公共文化服务保障法》，进一步完善公共文化服务体系，强化基层文化队伍建设，实现公共文化资源在基层的统筹整合，创新实施文化惠民工程，深入了解公众文化需求，更加精准、有效地提供文化服务。二是加强支持与鼓励中、西部地区文化建设，推动地区间文化事业的协调发展。一方面，建议中央继续大力扶持西部地区、贫困地区文化建设，同时加强对中部地区文化事业发展的政策支持；另一方面，中、西部地区也需进一步提高对文化事业发展的重视程度和投入程度，努力扩大公共图书馆、文化馆等文化设施覆盖面，增加举办文化艺术活动的次数，推动文化事业全面繁荣。三是加速推动公共文化数字化建设，拓宽数字文化服务场景，充分利用互联网平台，加强数字文化资源制作和利用，进一步推动智慧图书馆、智慧文化馆、智慧博物馆等的建设，打破文化资源的区域壁垒，促进资源共享，推动文化资源利用最大化。

① 谌新民，潘彬．产业升级与高技能人才供给结构性失衡的影响因素研究——以广东省珠江三角洲地区为例 [J]. 华南师范大学学报（社会科学版），2009（6）：84-91.

（四）加快推进法治建设，助力社会治理模式现代化转型

一是扩大我国法治资源分布范围，增强法治资源体量，进一步加强律师队伍的建设和青年律师的培养，制定法律专业人才引进计划。二是按照党的十九大“推动社会治理重心向基层下移”的要求和部署，合理处理人民内部矛盾，深入推进律师调解在多元纠纷解决机制中的作用，鼓励律师在由法院、公共法律服务中心（站）、律师协会、律师事务所设立的律师调解工作室提供调解服务，实现政府治理、社会调节和居民自治的良性互动。三是基层社会的村居和社区应逐步形成以法治为核心的基层社会治理文化，村居法律顾问所在的律师事务所、基层法律服务所、社会公益组织等可定期组织法律服务进村居活动，开展法制宣传、以案释法、法律咨询等活动，将法制宣传融入纠纷化解、法律援助等公共法律服务过程中，普及日常生产和生活涉及的法律知识，增强群众和村居干部的法律意识，进而有效化解基层社区矛盾纠纷，改变传统基层社会治理模式，助力中国特色基层社会治理模式的现代化转型。

（五）建设多层次养老服务体系，推动养老资源均衡发展

一是建立和完善“居家为基础，社区为依托，机构为支撑”的社会养老服务体系，细化养老床位建设的目标及其相关考核标准；推进居家和社区养老服务，着力在社区就近改造或新建必要的床位，以方便就地养老和家属探望照料老人；限制机构床位规模，严格控制千人以上床位养老院的发展，避免养老床位的闲置浪费。二是推进医养结合工作，深度融合医养资源，重点发展医养结合型养老机构，增加医护型、养护型床位供给，提高护理型床位比例，实现护理型机构床位在机构床位数的占比达到 30% 以上。三是推动地区间养老资源均衡发展，发挥公办养老机构托底作用，给予养老发展落后的地区更多的养老资源供给和财政投入支持，提高这些地区的养老机构数、养老床位数和养老服务人才数。

第五章

中国平衡发展专题研究

中国特色社会主义进入新时代，我国经济由高速增长阶段转向高质量发展阶段，一些新情况、新问题也相继出现，特别是发展不平衡不充分问题已成为满足人民日益增长的美好生活需要的主要制约因素，成为推动高质量发展、实现经济持续健康发展亟待破解的难题。近年来，党和国家针对我国发展不平衡不充分问题提出了一系列的新思路、指导原则和战略措施，为我国平衡发展状况开创了新局面。为进一步综合把握我国经济社会的平衡发展状况，深化我国平衡发展特征的研究力度，本次报告选择了以下三个视角进行扩展研究。

首先，党的十八大以来，以习近平同志为核心的党中央把解决农村贫困问题提升到巩固党的执政基础、保持国家长治久安和全面建成小康社会的高度。在十九大报告中，习近平总书记全面总结了我国脱贫攻坚的伟大历史成就，提出了2020年农村贫困人口全部脱贫的目标，展示了打赢脱贫攻坚战的坚强决心。时至今日，在全社会的不懈努力下，我国脱贫攻坚战已经取得决定性进展，积极推动着我国平衡发展的进程。那么，随着我国从脱贫攻坚走向“后贫困”时代，如何与时俱进地开展贫困统计监测工作成为当下我国贫困治理的重要任务。

其次，一直以来，中国区域发展表现出明显的动态演进特征，在不断的发展中促进相对平衡。随着改革开放进程的推进，东部沿海地区率先发展，逐步形成东、中、西部三大空间发展格局。伴随着西部大开发、东北老工业基地振兴、中部地区崛起等重大战略的深入实施，中国在东、中、西部地区之间的差距逐步趋于收敛。

习近平总书记[①]指出，当前中国区域经济发展出现新情况、新问题，区域经济发展分化态势明显，全国经济重心进一步南移。从经济总量上看，2011 年南方地区经济总量为北方地区的 2.45 倍，2018 年南方地区经济总量扩大到北方地区的 2.67 倍；从经济增速看，2013 年以来南方地区连续 6 年超越北方地区。可见，当前我国区域发展格局正处于深度调整期，南北发展差距问题日益凸显，对我国区域平衡发展提出新挑战。因此，本研究将依托中国平衡发展指数的研究框架，构建南北区域平衡发展指数，深入剖析我国南北地区发展差距问题，为区域平衡发展治理提供参考。

最后，实施区域协调发展战略，形成以城市群为主体、大中小城市和小城镇协调发展的区域协同发展格局，是新时代背景下党中央紧扣我国社会主要矛盾变化、针对区域协调发展新特征所做出的重大战略部署，是我国实现高质量发展的阶段性规划和创新性举措，开启了我国区域平衡发展治理的新篇章。作为我国最重要的经济中心和科创平台，京津冀、长三角和粤港澳大湾区等城市群的一体化发展创新实践在国家发展大局中具有重要战略地位，对探索我国区域一体化创新发展模式、诠释区域协调发展新内涵、开拓平衡发展新思路，具有重要的理论价值与实践意义，对我国其他城市群和都市圈的区域协同发展起着重要的引领和示范作用。为深入贯彻落实党的十九大报告精神和区域一体化发展战略规划，提升统计服务发展、服务决策的能力和水平，当前亟须开展我国区域一体化发展的定量研究和分析工作。建立科学合理的统计监测指标体系，客观反映我国区域一体化发展水平及其变化趋势，深入挖掘我国一体化发展过程中所取得的成就，揭示发展中存在的不足，为相关政策的制定提供依据，进而促进我国区域一体化的高质量发展，具有重要的理论价值和实践意义。

① 习近平．推动形成优势互补高质量发展的区域经济布局 [J]. 求是，2019（24）：4-9.

专题一：贫困脆弱性指数构建及测度

（一）研究背景

贫困问题在世界范围内广泛存在。2000 年，各国领导人在联合国千年首脑会议上通过了以减贫为目标的千年发展目标。截至 2015 年，全球减贫事业取得积极进展，千年发展目标中的减贫目标基本完成。2015 年 9 月，各国领导人在联合国峰会上通过了 2030 年可持续发展目标（Sustainable Development Goals，SDGs），提出到 2030 年，按照每人每天 1.25 美元的绝对贫困线标准，消除世界各地的绝对贫困。习近平总书记在 2015 减贫与发展高层论坛的主旨演讲中提出了更加细化的目标，未来 5 年将使中国现有标准下 7000 多万贫困人口全部脱贫，即到“2020 年消除绝对贫困”，这是中国落实 2015 年后发展议程的重要一步。中国政府高度重视扶贫开发工作，出台了大量的扶贫政策，实行了大规模的扶贫开发，帮助七亿多农村人口脱离贫困，成为最早实现联合国千年发展目标中减贫目标的发展中国家。

改革开放至今，中国扶贫政策经历了 4 个演变阶段——区域开发（1978—1985 年）、扶贫攻坚（1986—2000 年）、整村推进（2001—2012 年）和精准扶贫（2013—2020 年）。区域开发阶段我国减贫的关键是发展，农村改革和发展发挥了明显的减贫作用，经济的迅速发展使大量人口迅速脱离贫困状态，按我国 2010 年贫困标准，贫困发生率从 97.5% 下降到 78.3%。由于地理、生态、制度以及历史等各方面的影响，还存在着大量的贫困地区和贫困人口。为解决这一问题，扶贫攻坚阶段我国开始实行以贫困县为瞄准单位的开发式扶贫，关注人口密集、经济发展落后的区域，强调要增强贫困人口的自我发展能力。1986 年，我国确立了 18 个集中连片贫困区和 331 个贫困县，以实施专项反贫困计划进行农村的扶贫工作。1994 年，我国以《国家八七扶贫攻坚计划》为减贫纲要，补充确立了 592 个国家级贫困县，基本确定了扶贫攻坚的基础区域。国家通过以工代赈、扶贫贴息贷款、财政发展资金、科技扶贫、开发产业、移民搬迁等措施为贫困户创造解决温饱的基础条件，并给予其自我发展的能力。按照 2010 年贫困标准，此阶段贫困发生率由 1985 年的 78.3% 下降至 2000 年的 49.8%。受区位劣势和人力资本匮乏的制约，许多村、户以及个人仍无法享受经济发展的涓滴效应。因此进一步推进扶贫工作是十分必要的，我国于 2001 年发布了《中国农村扶贫开发纲要（2001—2010 年）》，重新确定了 14.8 万个重点贫困村，覆盖了 80% 的贫困人口，以“整村推进”的形式对其进行综合开发，突出了产业化扶贫、劳动力转移培训、教育扶贫、异地扶贫搬迁等新措施。同时强调贫困地区在基础设施、教育、科技、医疗卫生、文化、生态等领域综合全面发展，引导贫困地区群众调整经济结构，找准比较优势，改善生产条件，从而提高贫困农户自我积累、发展的能力。该阶段，扶贫工作取得了突破性的进展，贫困发生率从 49.8% 下降至 10.2%。然而我国尚未完全消灭贫困，且所剩的贫困人口虽少，其贫困问题却较难解决。针对该问题，习近平主席于 2013 年 1 月正式提出“精准扶贫”的重要思想。在 2015 年减贫与发展高层论坛上，习近平主席进一步强调中国扶贫攻坚工作实施精准扶贫方略，到 2020 年实现 7017 万人全部脱贫、592 个贫困县全部摘帽和解决区域性贫困问题。在继续区域瞄准的基础上，建档立卡精准识别贫困人口。根据贫困人口致贫原因和脱贫需求，因地因人量身定制“五个一批”（即发展生产脱贫一批、异地扶贫搬迁脱贫一批、生态补偿脱贫一批、发展教育脱贫一批、社会保障兜底一批）扶持措施。本阶段，贫困人口的社会保障、文化及教育状况等超越生存条件的需求得到了重视，意味着单一收入贫困标准逐渐向多维贫困标准转变，贫困发生率从 10.2% 下降至 0.6%，精准扶贫的新方略取得了明显成效。

至此历时 41 年历经四个阶段，我国的扶贫取得了巨大的成就，从 1978 年的贫困发生率高达 97.5%，下降至 2019 年的 0.6%。2020 年是我国全面建成小康社会目标实现之年，是全面消除绝对贫困、打赢脱贫攻坚战的达标之年。贫困发生率的大幅下降表明我国脱贫工作取得显著成效，为了进一步佐证这一结论，本专题从微观视角出发，基于家户调查数据测度我国家庭的贫困脆弱性程度和贫困脆弱性发生率。贫困脆弱性概念由世界银行提出，是指个体或家庭在未来一段时期内陷入贫困的概率，是对贫困的事前测度，具有前瞻性。本部分基于贫困脆弱性概念构建贫困脆弱性指数，利用家户层面微观调查数据对我国家庭的贫困脆弱性发生率进行测度。由于微观数据的局限性，抽样调查样本量有限、测算结果对微观模型设置依赖度较高等，数值结果本身不可过度解读，但结果呈现出来的分样本之间的差异以及随时间推移的总体趋势则有较强的现实意义。

（二）贫困脆弱性测度方法综述

目前测量贫困脆弱性的方法主要有三类：一是以期望贫困衡量的脆弱性（vulnerability as expected poverty，VEP）①，二是以期望效用衡量的脆弱性（vulnerability as low expected utility，VEU）②，三是以无保险的风险暴露衡量的脆弱性（vulnerability as uninsured exposure to risk，VER）③。

以期望贫困衡量的脆弱性（VEP）方法的基本逻辑是，用可观测到的变量和冲击因素对消费回归，以此拟合未来消费的表达式。在此基础上，假设消费的对数服从正态分布，基于此计算出预期未来消费低于贫困线的概率，即贫困脆弱概率。由于家庭之间存在异质性，因此需要在回归过程中考虑异方差问题。VEP 方法应用较广，一方面是由于对数据要求较低，操作起来可行性较强；另一方面是由于该方法将家庭可观测以及不可观测的影响因素均纳入考虑，考虑得较为全面从而结果较为可靠。

Ligon 和 Schechter 最先提出了以期望效用衡量的脆弱性（VEU）测量方法。他们指出风险因素在测量家庭福利上的重要性，常见的家庭风险因素包括由外在社会结构变化导致的对家庭财富的冲击、由于自然环境变化带来的对家庭农业生产的冲击，以及家庭成员自身的健康水平恶化带来的灾难性医疗卫生支出等。VEU 方法将等值效用水平作为衡量福利水平的标准，通过将上述家庭风险偏好因

① 参考资料：[1] Suryahadi A, Sumarto S, Pritchett L. Quantifying vulnerability to poverty: a proposed measure, applied to Indonesia[R]. The World Bank, 2000. [2] Hoddinott J, Quisumbing M A R. Data sources for microeconometric risk and vulnerability assessments[R]. World Bank, Social Protection,2003. [3] Chaudhuri S, Jalan J, Suryahadi A. Assessing household vulnerability to poverty from cross-sectional data: A methodology and estimates from Indonesia[C]. discussion papers, 2002.

② Ligon E, Schechter L. Measuring Vulnerability[J]. The Economic Journal, 2003, 113（486）: 95–102.

③ 参考资料：[1] Dercon S, Krishnan P. Vulnerability, seasonality and poverty in Ethiopia[J]. The Journal of Development Studies, 2000,36(6):25-53. [2] 蒋丽丽 . 贫困脆弱性理论与政策研究新进展 [J]. 经济学动态 ,2017(6):96-108.

素纳入效用函数，测算在贫困线水平时的家庭期望效用。VEU 方法在测算贫困脆弱性时，区分了贫困和风险的概念。对风险部分，又进一步根据风险的形式将其分类为总体风险、特殊风险、无法解释的风险和测量误差。在构建家庭期望效用函数之后，通过比较家庭实际消费组合所代表的效用水平与贫困线处消费组合代表的效用水平，定义家庭是否脆弱。由于 VEU 方法是从效用函数出发，因此在测算贫困脆弱性时个人偏好也反映在其中。

Dercon 和 Krishnan 提出了以无保险的风险暴露衡量的脆弱性（VER）测量方法，VER 方法与 VEU 方法一样基于个人选择偏好，其不同之处在于 VER 方法并没有直接测算家庭的脆弱性程度，而是量度在面对外在风险冲击时，家庭的消费水平对于收入水平波动的敏感程度。如果在冲击来临时，家庭的消费水平变动程度越大，则表明家庭的抗风险能力越弱，脆弱性程度越高；反之，则脆弱性程度越低。

（三）贫困脆弱性指数构建

本报告构建的贫困脆弱性指数包括贫困脆弱性程度指标和贫困脆弱性发生率指标，贫困脆弱性程度反映了家庭在（短期）未来消费水平跌入贫困线以下（所代表的消费水平）的概率，贫困脆弱性发生率则代表脆弱性家庭占全体家庭的比重。在构建家庭贫困脆弱性程度指标时，本部分选取 Chaudhuri 等（2002）[①] 提出的以期望贫困测算贫困脆弱性的方法（vulnerability as expected poverty，VEP），具体公式如下：

$$\ln c_h = \beta X_h + e_h \quad (5\text{-}1)$$

式中，c_h 为家庭人均消费支出，X_h 为与家庭消费相关的家庭层面特征变量和户主特征变量；β 为各特征变量的系数，e_h 为误差项。

家庭层面特征变量包括：家庭人均可支配收入、家庭人均净财产、家庭规模、抚养比（6 岁（不含）以下儿童占比、65 岁（含）以上老人占比）、工作人数占

① Chaudhuri S, Jalan J, Suryahadi A. Assessing household vulnerability to poverty from cross-sectional data: A methodology and estimates from Indonesia [J]. discussion papers, 2002.

比、自雇人数占比、小学及以下人数占比、大学（大专）及以上人数占比、（自评）健康人数占比、拥有医保人数占比、做饭用燃料是否为清洁燃料、做饭用水是否为自来水、家庭所在地理位置（四大经济区、城乡）等。户主特征变量包括：户主性别、年龄、年龄平方项、婚姻状况、受教育程度和工作状态等。

从而，e_{h}的方差如式（5-2）所示：

$$\sigma_{e,\mathrm{h}}^{2}=X_{\mathrm{h}}\theta \tag{5-2}$$

选取三阶段广义最小二乘法（Amemiya，1977）[①]估计β和θ，并用估计出来的$\hat{\beta}$和$\hat{\theta}$来构建测度贫困脆弱性的指标。首先，用 OLS 估计方程（5-1），将估计出来的残差作为被解释变量，继续用 OLS 估计式（5-3）：

$$\hat{e}_{\mathrm{OLS,h}}^{2}=X_{\mathrm{h}}\theta+\tau_{\mathrm{h}} \tag{5-3}$$

用得到的被解释变量的估计值$X_{\mathrm{h}}\hat{\theta}_{\mathrm{OLS}}$作为权重，即将式（5-3）转换为式（5-4），并用 OLS 估计方程（5-4），得出被解释变量的线性拟合值，其中$X_{\mathrm{h}}\hat{\theta}_{\mathrm{FGLS}}$是$\sigma_{e,\mathrm{h}}^{2}$的无偏估计值，即家庭消费支出异质性部分的方差：

$$\frac{\hat{e}_{\mathrm{OLS,h}}^{2}}{X_{\mathrm{h}}\hat{\theta}_{\mathrm{OLS}}}=\frac{X_{\mathrm{h}}}{X_{\mathrm{h}}\hat{\theta}_{\mathrm{OLS}}}\theta+\frac{\tau_{\mathrm{h}}}{X_{\mathrm{h}}\hat{\theta}_{\mathrm{OLS}}} \tag{5-4}$$

进一步，将$\hat{\sigma}_{e,\mathrm{h}}=\sqrt{X_{\mathrm{h}}\hat{\theta}_{\mathrm{FGLS}}}$作为权重，估计方程（5-5），得到$\beta$的无偏估计量$\hat{\beta}_{\mathrm{FGLS}}$：

$$\frac{\ln c_{\mathrm{h}}}{\hat{\sigma}_{e,\mathrm{h}}}=\frac{X_{\mathrm{h}}}{\hat{\sigma}_{e,\mathrm{h}}}\beta+\frac{e_{\mathrm{h}}}{\hat{\sigma}_{e,\mathrm{h}}} \tag{5-5}$$

基于上述估计得到的$\hat{\beta}$和$\hat{\theta}$，可以估计人均消费量的期望值和方差，即

$$\hat{E}\left[\ln c_{\mathrm{h}}\mid X_{\mathrm{h}}\right]=X_{\mathrm{h}}\hat{\beta} \tag{5-6}$$

① Amemiya T. The Maximum Likelihood and the Nonlinear Three-Stage Least Squares Estimator in the General Nonlinear Simultaneous Equation Model[J]. Econometrica, 1977, 45(4): 955-968.

$$\hat{V}\left[\ln c_{\mathrm{h}} \mid X_{\mathrm{h}}\right]=\hat{\sigma}_{e,\mathrm{h}}^{2}=X_{\mathrm{h}}\hat{\theta} \tag{5-7}$$

假设消费的对数服从正态分布，如此能够估计拥有不同 X_{h} 的家庭的消费支出低于贫困线（Z）的可能性，即家庭 h 的贫困脆弱性。用 Φ（·）表示标准正态分布累积分布函数，则贫困脆弱性指标可以表示为

$$\hat{v}_{\mathrm{h}}=\widehat{Pr}\left(\ln c_{\mathrm{h}}<\ln z \mid X_{\mathrm{h}}\right)=\Phi \frac{\ln z-X_{\mathrm{h}}\hat{\beta}}{\sqrt{X_{\mathrm{h}}\hat{\theta}}} \tag{5-8}$$

通过建立家庭消费函数，运用三阶段广义最小二乘法（FGLS）逐步剔除协同性风险和异质性风险的影响，估计得出无偏有效的系数、预测出家庭的预期消费，进一步通过构建正态分布函数，以家庭层面的异质性风险作为方差，估计家庭预期消费小于贫困线[①]所代表的消费水平的概率，即可得到家庭的贫困脆弱性值。对家庭贫困脆弱性值在全国或区域范围内取算术平均值，即可得到可衡量区域范围陷贫风险的贫困脆弱性程度指标。基于家庭贫困脆弱性值和预设的脆弱线阈值[②]可识别家庭是否为脆弱性家庭，本部分将脆弱线阈值设定为 0.5，即家庭在未来陷贫的风险超过 50% 即被识别为脆弱性家庭。通过计算脆弱性家庭的占比即可得出贫困脆弱性发生率指标，这里的贫困脆弱性发生率指标和贫困发生率指标内涵一致，前者代表的是脆弱性家庭的占比，后者代表的是贫困家庭（人口）占比。

---

① 在贫困线的选取上，本部分选取世界银行 2017 年提出的以 2011 年 PPP（purchasing power parity, 购买力平价）计价的每人每天 3.2 美元贫困线。根据世界银行数据库公布的私人消费购买力平价指数，将美元贫困线转换为以人民币价值衡量的贫困线。由于中国的城乡生活成本差异较大，因此将世界银行提出的贫困线作为城市地区的贫困线，而对于农村地区，则参考吴伟（2016）（吴伟 . 我国居民收入差距研究——基于扣除生活成本地区差异的方法 [J]. 调研世界，2016 (7): 3-7.）测算的我国城乡生活成本比值 1.36，将基年城市贫困线下调 36%，并作为相应的农村贫困线。进一步根据国家统计局公布的每年各个省份城乡的 CPI 指数调整通货膨胀的影响，得到各省各观测年份相当于 2011 年的"每人每天 3.2 美元"的城乡贫困标准。

② 对于脆弱线阈值的设定，Chaudhuri 等（2002）（Chaudhuri S, Jalan J, Suryahadi A. Assessing household vulnerability to poverty from cross-sectional data: A methodology and estimates from Indonesia[C]. Discussion Papers, 2002.）提出了两种方案：①以所测算的组群的贫困率作为衡量家庭脆弱性的阈值，这主要是基于贫困率本身反映的是组群的平均贫困脆弱性程度，即组群平均的贫困风险程度，因此将贫困风险程度高于组群平均值的群体定义为脆弱性群体是较为合理的；②第二种阈值为一个确定的值 0.5，即将脆弱概率高于 0.5 的群体定义为脆弱群体，其在未来极有可能成为贫困群体。

测算数据选取中国家庭追踪调查（CFPS）2010年、2012年、2014年、2016年、2018年五轮调查数据。CFPS由北京大学中国社会科学调查中心发布，是一项全国性、综合性的社会追踪调查项目。需要说明的是，CFPS数据存在一定的局限性，一是CFPS抽样框没有完全涵盖中国所有省份，尤其是西藏、青海、宁夏等西部省份，这会导致对全国、省份层面贫困脆弱性情况分析上的不足；二是CFPS数据样本量有限，每轮数据的家户样本数量约为1.3万~1.4万户，相比于庞大的中国家庭总数仍旧略显不足。上述局限性可能会使本专题的研究结果无法完整描述全国以及省份层面的贫困脆弱性情况，但对于分析全国大部分省份的贫困脆弱性问题仍有一定的代表性。

（四）中国家庭贫困脆弱性程度和贫困脆弱性发生率趋势分析

1. 全国平均贫困脆弱性程度和贫困脆弱性发生率趋势分析

从发展趋势来看，2010—2018年全国平均贫困脆弱性程度呈逐年递减趋势，从2010年的45.46%下降至2018年的7.11%，下降了38.35个百分点；贫困脆弱性发生率呈逐年递减趋势，从2010年的39.68%下降至2018年的3.04%，下降了36.64个百分点（见图5-1）。以上结果表明，我国家庭平均贫困脆弱性程度呈逐年下降趋势，即家庭陷贫风险随时间推移有所下降；我国贫困脆弱性家庭比例呈逐年下降趋势。

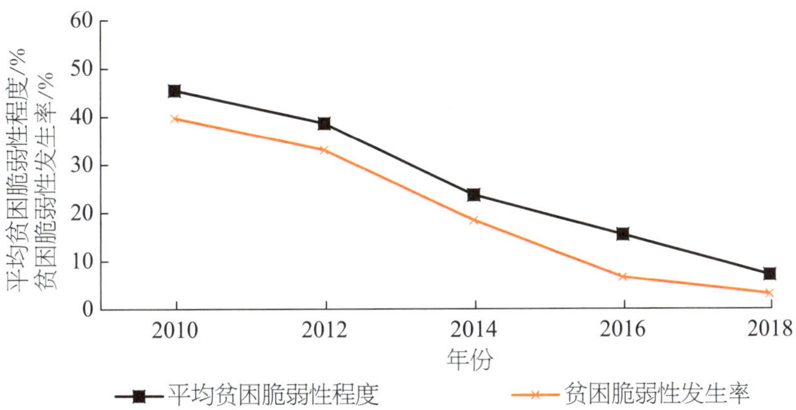

图5-1　全国平均贫困脆弱性程度和贫困脆弱性发生率趋势

2. 城乡地区贫困脆弱性程度和贫困脆弱性发生率趋势分析

从发展趋势来看，如图 5-2 所示，2010—2018 年农村家庭的平均贫困脆弱性程度呈逐年下降趋势，从 2010 年的 53.59% 下降至 2018 年的 9.35%，下降了 44.24 个百分点；农村地区贫困脆弱性发生率呈逐年下降趋势，从 2010 年的 49.21% 下降至 2018 年的 4.20%，下降了 45.01 个百分点。2010—2018 年城市家庭的平均贫困脆弱性程度呈先短暂上升后持续下降的趋势，从 2010 年的 28.37% 小幅上升至 2012 年的 29.54%，而后持续下降至 2018 年的 2.68%；城市地区贫困脆弱性发生率同样呈先短暂上升后持续下降的趋势，从 2010 年的 19.65% 上升至 2012 年的 24.57%，而后持续下降至 2018 年的 0.75%。以上结果表明，我国城乡家庭的贫困脆弱性程度总体上呈下降趋势，即城乡家庭的陷贫风险随时间推移有所下降；我国城乡地区的贫困脆弱性发生率总体上呈下降趋势，即城乡地区脆弱性家庭的比例随时间推移有所下降。

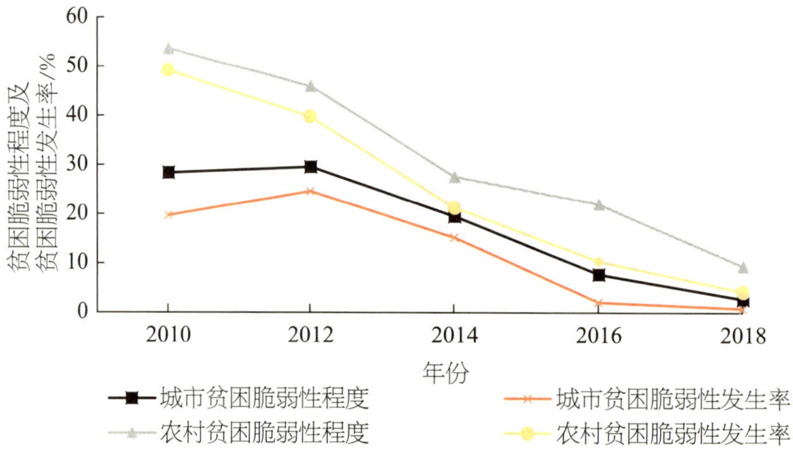

图 5-2 城乡地区贫困脆弱性程度和贫困脆弱性发生率趋势

从相对走势来看，2010—2018 年农村家庭的贫困脆弱性程度明显高于城市家庭，城乡家庭贫困脆弱性差距从 2010 年的 25.21 个百分点缩小至 2014 年的 8.07 个百分点，2016 年差距扩大至 14.28 个百分点，2018 年又再次缩小至 6.67 个百分点，表明我国农村家庭的陷贫风险高于城市家庭，但二者之间的差距随时间推移总体呈缩小趋势。2010—2018 年农村地区的贫困脆弱性发生率明显高于城市地区，城乡地区贫困脆弱性发生率差距从 2010 年的 29.55 个百分点缩小至 2014 年的 6.16 个百分点，2016 年差距扩大至 8.37 个百分点，2018 年又再次缩小至 3.45 个百分点，表明我国农村家庭的脆弱性家庭比例高于城市家庭，但二者之间的差距随时间推移总体呈缩小趋势。

3. 南北地区贫困脆弱性程度和贫困脆弱性发生率趋势分析

从发展趋势来看，2010—2018 年南方家庭的平均贫困脆弱性程度呈逐年下降趋势，从 2010 年的 44.17% 下降至 2018 年的 5.96%，下降了 38.21 个百分点；南方地区贫困脆弱性发生率呈逐年下降趋势，从 2010 年的 38.18% 下降至 2018 年的 2.31%，下降了 35.87 个百分点。2010—2018 年北方家庭的平均贫困脆弱性程度呈逐年下降趋势，从 2010 年的 39.71% 下降至 2018 年的 8.03%，下降了 31.68 个百分点；北方地区贫困脆弱性发生率呈逐年下降趋势，从 2010 年的 30.79% 下降至 2018 年的 3.58%，下降了 27.21 个百分点（见图 5-3）。以上结果表明，我国南北地区家庭的贫困脆弱性程度呈逐年下降趋势，即南北地区家庭的陷贫风险随时间推移持续下降；我国南北地区的贫困脆弱性发生率呈逐年下降趋势，即南北地区贫困脆弱性家庭的比例随时间推移持续下降。

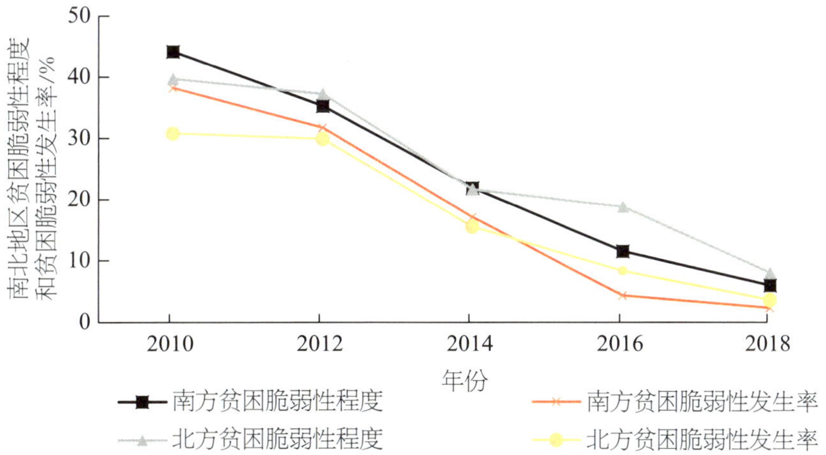

图 5-3　南北地区贫困脆弱性程度和贫困脆弱性发生率趋势

从相对走势来看，2010—2018 年南北地区家庭的贫困脆弱性程度呈交替变化趋势，2010 年南方地区家庭平均贫困脆弱性程度高于北方地区家庭，差距为 4.47 个百分点；2012 年则呈现相反的分布，即北方地区家庭平均贫困脆弱性程度高于南方地区家庭，差距为1.98个百分点；2014年，南北地区家庭平均贫困脆弱性程度趋于接近，而后的2016—2018年均呈现北方地区家庭平均贫困脆弱性程度高于南方地区家庭的走势。2010—2018年南北地区的贫困脆弱性发生率呈现南方先高于北方而后又低于北方的动态变化趋势，其中2010—2014年南方地区贫困脆弱性发生率高于北方地区，二者之间的差距呈逐年缩小的趋势，从2010年的7.39个百分点缩小至2014年的1.56个百分点；2016—2018年北方地区的贫困脆弱性发生率高于南方地区，从2016年的4.02个百分点缩小至2018年的1.27个百分点。以上结果表明，我国南北地区之间的贫困脆弱性程度和贫困脆弱性发生率呈交替上升下降趋势，但总体上均呈现以2014年为转折点，即2014年之前南方地区的贫困脆弱性程度和脆弱性发生率高于北方地区，而2014年之后北方地区的贫困脆弱性程度和脆弱性发生率高于南方地区。

（五）结论与建议

本专题的研究结论从微观家庭视角验证了我国扶贫攻坚的成效，家庭贫困脆弱性程度和发生率逐年下降，陷贫风险逐渐降低。但城乡之间、南北之间的贫困脆弱性差异依旧存在。随着我国绝对贫困的全面消除，传统贫困发生率指标在描述贫困状况时会逐渐出现不适用的情况，健康、教育、幸福程度等多方面的“贫困”现象需综合纳入考虑，对贫困的预测能力需逐步增强，亟待探索新的贫困量度指标来进一步监测“后贫困”时代的相对贫困、多维贫困、贫困脆弱性等贫困状况。对于新型贫困测度指标的构建，本专题提出的贫困脆弱性指数框架可供参考。

根据我国贫困形势的变化和减贫战略的调整，2020年后我国需要构建新型减贫政策体系，鉴于城乡间、地区间的陷贫风险差距依然存在，应建立健全区域贫困风险预警机制；考虑到居民多维度的综合福利水平亟待提升，应建立健全多维度贫困干预机制。在新型减贫政策体系中，应综合考虑有别于传统以事后补贴为主的帮扶性扶贫政策，将视角拓宽至预防性的公共卫生政策、具有行为矫正功能的财税政策，使得潜在瞄准群体能够受到多维度政策辐射，减弱甚至避免其对帮扶性扶贫政策的深度依赖，鼓励其提高自我发展意愿和能力，使其永久摆脱贫困困扰。这不仅能够提高减贫成效，更能节约财政支出、提高财政资金使用效率。

专题二：我国南北地区平衡发展差距分析

（一）引言

党的十九大报告指出，中国特色社会主义进入了新时代，我国社会主要矛盾已经转化为人民日益增长的美好生活需要和不平衡不充分的发展之间的矛盾。从区域发展层面的表现就是区域发展差距明显。长期以来，中国区域发展表现出明显的动态演进特征。随着改革开放进程的推进，东部沿海地区率先发展，逐步形成东、中、西部三大空间发展格局。西部大开发、东北老工业基地振兴、中部地区崛起等重大战略深入实施，中国东、中、西部地区之间的发展差距逐步趋于收敛（盛来运等，2018）[①]。党的十八大以来，京津冀协同发展、长江三角洲区域一体化发展、粤港澳大湾区建设等重大战略相继实施，区域发展进入新时期。当前中国区域经济发展出现新情况、新问题，区域经济发展分化态势明显，全国经济重心进一步南移（习近平，2019）[②]，中国南北差距日益成为新的关注点。随着 2020 年前三季度地区 GDP 的公布，天津名义 GDP 跌出全国城市 GDP 排名的前十位，北方地区仅剩北京位列其中，南北差距扩大问题再度引起高度关注。

测度和判定南北差距是探究南北区域发展差异的首要问题。当前，关于南北差距的测度和判定，按照考察南北发展差距的统计指标划分，主要分为三种：

（1）总量指标。杨多贵等人（2018）[③] 采用地区 GDP 作为判定南北差距的基础指标；戴德颐（2020）[④] 采用名义地区 GDP 与地方一般预算收入经过等比折算后取均值作为衡量南北经济发展的代理变量。

（2）人均指标。张红梅等人（2019）[⑤] 采用名义人均 GDP 考察中国南北地

① 盛来运，郑鑫，周平，李拓 . 我国经济发展南北差距扩大的原因分析 [J]. 管理世界，2018（9）：16-24.

② 习近平 . 推动形成优势互补高质量发展的区域经济布局 [J]. 求是，2019（24）：4-9.

③ 杨多贵，刘开迪，周志田 . 我国南北地区经济发展差距及演变分析 [J]. 中国科学院院刊，2018（10）：1083-1092.

④ 戴德颐 . 基于资源异质性的南北经济发展差距研究 [J]. 技术经济与管理研究，2020（1）：94-98.

⑤ 张红梅，李善同，许召元 . 改革开放以来我国区域差距的演变 [J]. 改革，2019（4）：78-87.

区的发展状况。

（3）速度指标。周晓波等人（2019）[①]在地区GDP增速的基础上判别南北发展差距；盛来运等人（2018）[②]分别通过南北地区GDP增速和人均GDP增速归纳南北差距的演进特点；魏后凯等人（2020）[③]认为南北差距主要是增长速度的差距，并以地区人均GDP年均增速进行刻画。

学者从不同视角对南北差距的成因展开研究。戴德颐（2020）[④]基于资源异质性的视角，指出包括资本、劳动、技术在内的资源投入，以及行政地位、与主要海港距离是导致南北差距的重要因素。李善同等人（2019）[⑤]基于全球价值链的视角，指出高度依赖投资拉动的重工业价值链导致北方经济缺乏韧性，进而致使经济增速明显降低。杨明洪和黄平（2020）[⑥]基于产业结构变迁的视角，指出2011年区域结构红利"雁阵"出现，而北方地区处在结构红利"倒U"曲线拐点右侧的减速下行阶段。盛来运等人（2018）[⑦]从区域发展、生产、需求三个角度对比分析南北差距所在，认为北方资本积累速度较慢、经济体制机制改革滞后、经济结构不合理、劳动力数量减少是导致南北差距扩大的主要原因。上述分析都具有一定的合理性，南北差距的形成受众多复杂因素的共同影响，不同研究者从不同的角度关注形成差距的影响因素，而对于南北差距的原因分析，往往无法通过一两个因素的比较、分析得出全面、科学的结论。

从"五位一体"总体布局角度出发，经济发展水平是国家发展水平的主要体现，

① 周晓波，陈璋，王继源．中国南北方经济分化的现状、原因与对策——一个需要重视的新趋势[J]. 河北经贸大学学报，2019（5）：1-39.

② 盛来运，郑鑫，周平，李拓．我国经济发展南北差距扩大的原因分析[J]. 管理世界，2018（9）：16-24.

③ 魏后凯，年猛，李功．"十四五"时期中国区域发展战略与政策[J]. 中国工业经济，2020（5）：5-22.

④ 戴德颐．基于资源异质性的南北经济发展差距研究[J]. 技术经济与管理研究，2020（1）：94-98.

⑤ 李善同，何建武，唐泽地．从价值链分工看中国经济发展南北差距的扩大[J]. 中国经济报告，2019（3）：16-21.

⑥ 杨明洪，黄平．南北差距中的结构效应及空间差异性测度[J]. 经济问题探索，2020（5）：1-13.

⑦ 盛来运，郑鑫，周平，李拓．我国经济发展南北差距扩大的原因分析[J]. 管理世界，2018（9）：16-24.

但不能表征全部[①]。地区之间的不平衡不仅表现在经济发展水平差距的扩大，还表现在福利水平、发展能力等方面的差异（孙志燕和侯永志，2019）[②]。区域发展差距涉及经济发展、社会稳定、生态建设以及民生福祉等方方面面。因此，亟须通过多要素、多指标综合测度南北差距，全面、客观地判定南北差距的特征与发展趋势，进而剖析南北差距形成的深层次原因。本部分在此基础上，将目光聚焦于中国区域不平衡发展问题上，试图探索南北地区在经济、社会、生态和民生各领域的平衡发展差距以及背后的原因。本部分的贡献在于：

（1）在准确理解南北平衡发展内涵的基础上，从多维度、多层次出发，全面、系统地测度南北平衡发展差距；

（2）在考虑南北地区发展充分性的同时，通过基尼系数进行不平衡性的调整，构建南北平衡发展指数，并测算由此带来的发展损失；

（3）从经济、社会、生态和民生领域分析南北平衡发展差距的表现和成因，并给出相应的对策建议。

关于南北的划分，参考经济地理的划分标准。南方地区包括上海、江苏、浙江、安徽、福建、江西、湖北、湖南、广东、广西、海南、重庆、四川、贵州、云南、西藏；北方地区包括北京、天津、河北、山西、内蒙古、辽宁、吉林、黑龙江、山东、河南、陕西、甘肃、青海、宁夏、新疆。

（二）区域平衡发展的内涵与指标体系

1. 区域发展不平衡不充分的内涵

“不平衡不充分”是针对目前中国各方面发展现状与人民对美好生活需要之间存在差距提出的。社会主义制度的发展和完善是一个长期的历史过程，社会主要矛盾也会发生转变。1981 年党的十一届六中全会提出，现阶段社会主要矛盾是“人民日益增长的物质文化需要同落后的社会生产之间的矛盾”。经过三十多年

① 出自《党的十九大报告学习辅导百问》第 20 页，“如何把握我国社会主要矛盾的变化”。本书由中央文件起草组编写，党建读物出版社出版，2017 年 10 月第 1 版。

② 孙志燕，侯永志．对我国区域不平衡发展的多视角观察和政策应对 [J]. 管理世界，2019（8）：1-8.

的改革开放，中国社会生产力取得巨大发展，人民物质生活得到明显的改善，进而党的十八大正式确立了“全面建成小康社会”的目标，党的十九大提出中国社会主要矛盾转化为“人民日益增长的美好生活需要和不平衡不充分的发展之间的矛盾”。人民对美好生活的需要既涵盖教育、医疗、养老、就业、住房等民生层面的需要，还包含社会文明、社会安全、社会公平，以及治理空气污染、土壤污染、水资源污染、优化环境等社会与生态环境需要。

区域发展不平衡不充分是当前经济社会发展不平衡不充分矛盾的突出表现之一。区域发展不平衡是横向的，主要表现为不同地区之间的发展差距。由于中国幅员辽阔，不同区域之间资源禀赋存在多样化，资源储备存在差距，发展起步及发展模式也有不同，因此，不可避免地存在着发展不平衡的现象。区域发展不充分是纵向的，主要表现在区域内部存在的发展程度低的问题。具体而言，不充分发展包括生产力发展不充分、资源和能源利用不充分、创新驱动不充分、社会保障发展水平不充分以及生态文明建设不充分等多个方面。区域发展不充分是区域发展不平衡的主导原因，当前主要矛盾的解决需尽可能充分利用自身资源禀赋，充分利用优势资源，在推动发展的同时，引导资源跨区域、跨群体地合理流动，以此弥补不同区域之间存在的发展不平衡的问题，进而提升人民普遍的获得感、幸福感和安全感。

因此，用数量指标定义区域平衡发展是一个十分复杂的课题，涉及多维度、多方面的系统测量。构建南北平衡发展指数需要满足以下两点要求：一是平衡发展指数必须包括一个由多层次、多维度的指标构成的指标体系，以充分反映平衡发展的内涵与范围界定；二是平衡发展指数应由一个综合性的指标体系构成，既能反映各领域的充分发展水平，又要量度各领域的不平衡程度。

2. 指标体系的构建

本部分在清华大学中国平衡发展指数的基础上进行一定调整，一是剔除仅能反映充分性或城乡平衡性，未反映地区平衡性的指标；二是对个别相对重要的剔除指标进行替换。最终，从经济、社会、生态、民生四个维度出发，构建包括 17 个二级指标 36 个基础指标（即三级指标）的平衡发展指数指标体系。

表 5-1　南北平衡发展指数指标体系构成一览表

一级指标	二级指标	三级指标	指标属性		
			指标方向	权重	数据来源
1. 经济发展	经济效益	人均 GDP	正向	常住人口	《中国统计年鉴》
		能源产出率	正向	能源消耗量	《地区统计年鉴》
		资本产出率	正向	资本存量	参考白重恩、张琼（2015）的方法计算[①]
	经济结构	高技术企业主营业务收入与 GDP 之比	正向	地区生产总值	《中国高技术产业统计年鉴》《中国统计年鉴》
		居民消费率	正向	同上	《地区统计年鉴》
	创新驱动	R&D 经费投入强度	正向	同上	《中国科技统计年鉴》
		万人发明专利拥有量	正向	常住人口	国家知识产权局
	基础设施	互联网普及率	正向	同上	中国互联网络发展状况统计报告
		铁路密度	正向	同上	《中国国土资源统计年鉴》、中国经济与社会发展统计数据库
		城市交通承载力	正向	城镇人口	CEIC 数据库
	人力资本	劳动力人口占比	正向	常住人口	《国家统计局人口抽样调查数据资料》
		劳动年龄人口平均受教育年限	正向	同上	参考白重恩、张琼（2014）的方法计算[②]
2. 社会进步	社会文明	人均拥有公共图书馆藏量	正向	同上	《中国统计年鉴》
		人均文化事业费	正向	同上	《中国文化文物统计年鉴》
	社会安全	亿元 GDP 生产安全事故死亡人数	逆向	同上	各省国民经济和社会发展统计公报整理计算
	社会治理	每十万人社会组织数量	正向	同上	《中国民政统计年鉴》
		每十万人拥有律师数	正向	同上	《中国统计年鉴》
	社会保障	养老金替代率	正向	养老保险实际领取待遇人数	《中国统计年鉴》
		养老保险覆盖率	正向	15 岁以上人口	《中国统计年鉴》
		医疗自付比	逆向	常住人口	《中国卫生健康统计年鉴》
3. 生态环境	空气质量	空气质量指数优良率	正向	同上	国家统计局相关部门提供
		细颗粒物浓度未达标率	逆向	同上	由城市空气质量实时发布数据计算
	水质量	地表水劣于 V 类水体比例	逆向	同上	各省（区、市）生态环境监测中心

① 白重恩，张琼．中国生产率估计及其波动分解 [J]. 世界经济，2015（12）：26.

② 白重恩，张琼．中国的资本回报率及其影响因素分析 [J]. 世界经济，2014（10）：28.

续表

<table>
<tr><th rowspan="2">一级指标</th><th rowspan="2">二级指标</th><th rowspan="2">三级指标</th><th colspan="3">指标属性</th></tr>
<tr><th>指标方向</th><th>权重</th><th>数据来源</th></tr>
<tr><td rowspan="4">3. 生态环境</td><td rowspan="2">土壤质量</td><td>单位耕地面积化肥施用量</td><td>逆向</td><td>耕地面积</td><td>《中国环境统计年鉴》</td></tr>
<tr><td>土地沙化面积占比</td><td>逆向</td><td>同上</td><td>《中国环境统计年鉴》</td></tr>
<tr><td rowspan="2">环境治理</td><td>城市生活垃圾无害化处理率</td><td>正向</td><td>常住人口</td><td>《中国统计年鉴》</td></tr>
<tr><td>城市日均污水处理能力</td><td>正向</td><td>同上</td><td>《中国环境统计年鉴》</td></tr>
<tr><td rowspan="9">4. 民生福祉</td><td rowspan="2">收入</td><td>居民人均可支配收入</td><td>正向</td><td>同上</td><td>《中国统计年鉴》</td></tr>
<tr><td>居民人均消费支出</td><td>正向</td><td>同上</td><td>《中国统计年鉴》</td></tr>
<tr><td rowspan="3">居住</td><td>城镇人均住房建筑面积</td><td>正向</td><td>城镇人口</td><td>《国家统计局住户调查数据资料》</td></tr>
<tr><td>房价收入比</td><td>逆向</td><td>同上</td><td>《中国统计年鉴》《国家统计局住户调查数据资料》</td></tr>
<tr><td>农村居住便利设施普及率</td><td>正向</td><td>农村人口</td><td>《中国农村统计年鉴》</td></tr>
<tr><td rowspan="2">教育</td><td>高中及以下阶段生均公共财政预算公用经费支出</td><td>正向</td><td>小学至高中学生总数</td><td>《中国教育统计年鉴》</td></tr>
<tr><td>高中及以下阶段生师比</td><td>逆向</td><td>同上</td><td>《中国教育经费统计年鉴》</td></tr>
<tr><td rowspan="2">医疗健康</td><td>每千人口卫生技术人员数</td><td>正向</td><td>常住人口</td><td>《中国卫生健康统计年鉴》</td></tr>
<tr><td>每千老年人口养老床位数</td><td>正向</td><td>同上</td><td>《中国统计年鉴》</td></tr>
</table>

注：资本产出率、劳动力人口占比和劳动年龄人口平均受教育年限后续年份数据也由相应作者提供。

（三）南北平衡发展差距测算结果分析

1. 南北平衡发展总体差距和特征

（1）南北地区总体平衡发展水平显著提高，但南北平衡发展差距不断扩大。南北平衡发展水平均取得阶段性提高。南方平衡发展指数由 2011 年的 41.46 逐年增长至 2018 年的 55.05，期间增加了 13.59；北方平衡发展指数由 2011 年的 37.26 逐年增长至 2018 年的 48.45，期间增加了 11.19（见图 5-4）。近年来，我国高度重视区域协调发展，提出了京津冀协同发展、长江经济带发展、粤港澳大湾区建设、长三角一体化发展等新的区域发展战略，推动区域协调发展呈现良好态势。

南方平衡发展指数增速快于北方，南北之间平衡发展差距持续扩大。2011—2018 年，南方平衡发展指数年均增速为 4.13%，北方平衡发展指数年均增速为 3.82%，南方平衡发展速度明显快于北方。同时，南北平衡发展差距由 2011 年的

4.19 上升至 2018 年的 6.61。2011—2018 年间，南北差距扩大了 2.42（见图 5-4）。由此可见，南北之间的平衡发展水平“南高北低”、平衡发展速度“南快北慢”的发展格局已经形成。当前正是中国社会主要矛盾发生转变的新时期，南北之间的发展差距需要高度关注。

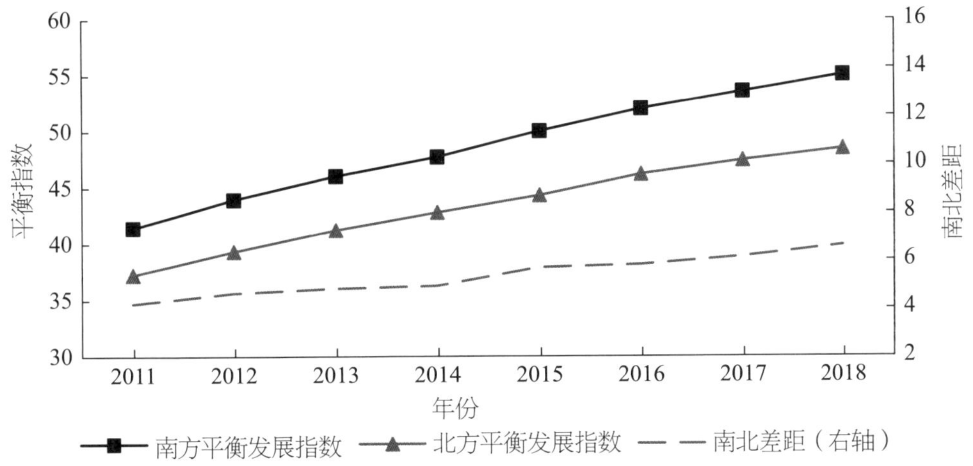

图 5-4 2011—2018 年南方平衡发展指数、北方平衡发展指数和南北平衡发展差距

注：南北差距为南方平衡发展指数减去北方平衡发展指数的差。差距为正表明南方占优，差距为负表示北方占优，下同。

值得注意的是，测算结果显示，早在 2011 年，南北经济平衡发展差距已经凸显，而从 GDP 测算结果来看，南方名义人均 GDP 在 2014 年才超过北方，南方实际 GDP 增速于 2014 年超过北方。周小波等（2019）、杨多贵等（2018）的研究也将 2013 年作为南北差距扩大的转折点，可见南北经济平衡发展差距先行于围绕 GDP 展开测度的南北差距。在南方经济结构、创新驱动、基础设施建设水平以及人力资本等方面的相对优势不断增强的发展形势下，上述差距又可能促进下一个阶段经济发展水平差距的扩大。由此可见，仅仅围绕 GDP 来测度南北差距，会造成对南北差距认识的滞后和趋势的误判。

（2）近几年南北内部不平衡均呈上升趋势，北方上升趋势更明显。南北发展损失是对南北地区内部不平衡性的综合量度。南方发展损失由 2011 年的 18.61% 下降至 2013 年的 17.76%，2014—2018 年又由 18.06% 上升至 19.11%。考察期间发展损失上升了 0.50 个百分点。北方发展损失则呈现波动上升的状态，由 2011

年的18.09%上升至2018年的20.32%。考察期间发展损失上升了2.23个百分点（见图5-5）。北方发展损失明显高于南方。2011—2018年间，北方发展损失平均高出南方0.71个百分点。主要由于北方仅京津地区整体发展较快，与其余省（区、市）的发展水平形成反差，导致内部较为严重的不平衡。城市和城市群的极化效应加剧了南北地区内部发展的不平衡。由于长三角、珠三角和京津冀城市群三大传统引擎，以及成渝城市群等新增长极的崛起，南北内部发展动力极化现象日益突出，加速了南北地区内部空间格局的分化。

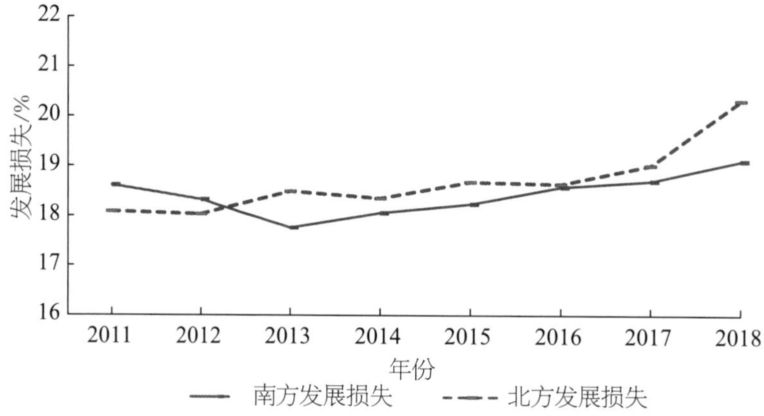

图 5-5 2011—2018 年南方发展损失和北方发展损失

2. 各领域南北平衡发展差距及其动态变化

南北地区在经济领域的平衡发展差距呈逐年扩大走势，2018年位列各领域之首。南北地区经济平衡发展差距由2011年的5.52增加至2018年的8.64，期间扩大了3.12（见图5-6）。2017年开始，经济领域平衡发展差距超过生态领域。民生领域南北平衡发展水平由北方占优转向南方领先。2011—2014年，民生领域南北平衡发展差距在-1.80～-0.88之间，北方占据优势。2015—2018年，民生领域南北平衡发展差距在1.21～3.45之间，南方领先。南北地区在生态领域的平衡发展差距呈缩小走势，但仍处于高位。2011年生态平衡发展差距为11.23，2013年增长至考察期间的最高值12.52；2014—2018年间，生态平衡发展差距由11.70下降至8.30，逐渐减小。社会领域南北平衡发展差距快速上升。2011—2018年，南北社会领域平衡发展差距由1.37上升至6.04，平衡发展差距扩大了3.42倍。

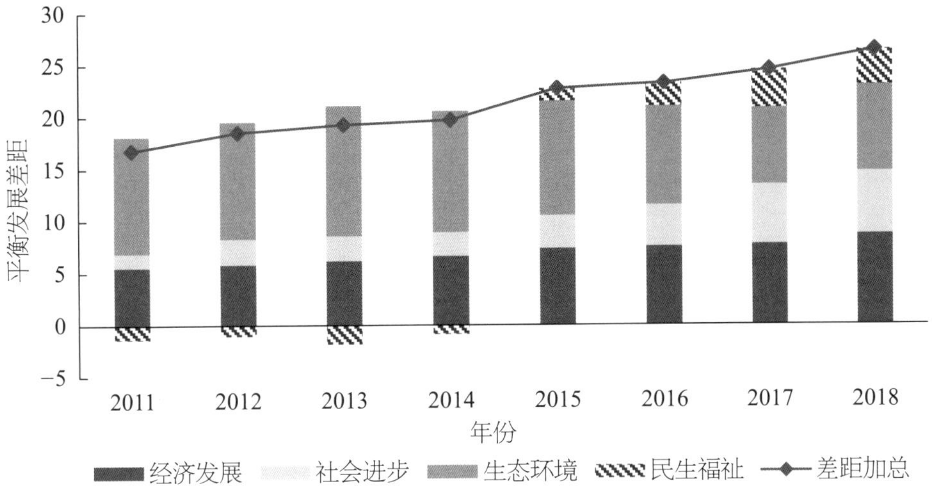

图 5-6 2011—2018 年四大领域平衡发展差距走势

整体来看，南北地区平衡发展差距不仅表现在经济发展水平上，还表现在社会进步、生态环境和民生福祉等方面。南北经济平衡发展差距是区域发展不平衡的重要体现。经济发展是保障和改善民生的基础，长期的、过大的区域差距还会导致社会保障、养老、医疗、教育、文化建设等非经济方面发展不平衡，进而影响后发展地区的总体发展水平。生态环境保护在推动区域高质量发展方面的作用不断增强，但巩固和改善南北区域生态环境协同发展的难度依然很大。目前，中国已构建多层次、多领域、全方位的区域协调战略体系，以“五位一体”总布局为统领，优势互补、因地制宜的高质量发展区域空间布局正在形成，将为实现区域协调发展提供坚实保障。

3. 对南北地区各领域平衡发展差距的认识

南北平衡发展差距不仅体现在经济发展水平上，还体现在社会进步、生态环境和民生福祉上。不同领域南北地区发展差距的内涵和意义不同，应该正确认识南北地区在各领域的平衡发展差距。

（1）一定程度的南北经济发展差距是合理的，不能简单地要求各地区在经济发展水平上达到绝对一致。比较优势理论认为，区域的区位条件、资源禀赋、劳动要素、资本要素等共同形成有利于区域发展的条件。在生产要素不能够完全流动以及运转成本存在的情况下，区域生产要素供给存在差异。充分利用和挖掘区域比较优势，选择适合本区域发展的产业部门，有利于提高区域的产业竞争能力（魏后凯，2004）[①]。中国西北地区土地与矿产资源丰富，但人口稀少、资金供应短缺。而东南沿海地区人口分布稠密，劳动力素质高，资金充足，区位条件优越，但土地和矿产资源相对缺乏。因此，构建与各地优势相匹配的产业分工体系是实现高质量区域协调发展的前提。鼓励各地区依据自身的比较优势制定不同的经济发展战略，推动以中心城市和城市群为核心的经济区先集聚成点、后扩散于带、再辐射为面的发展路径，符合客观规律。因此，不能简单地追求南北地区经济发展水平的绝对平衡，而是要将南北发展差距控制在合理的范围之内，因地制宜谋发展。南北经济发展差距的持续扩大现象和背后形成的原因更值得高度重视和深入研究。

（2）保障社会、生态和民生领域实现平衡发展，缩小南北地区在这些领域的发展差距，是实现公共服务均等化的重要任务。十九大报告强调："完善公共服务体系，保障群众基本生活，不断满足人民日益增长的美好生活需要，不断促进社会公平正义……"彰显了基本公共服务均等化建设"以人民为中心"的发展思想。基本公共服务涵盖教育、卫生、文化、就业、社会保障、生态环境、公共基础设施和社会治安等多个方面，不同地区的居民均应享受大致均等的基本公共服务。基本公共服务均等化是保障经济社会可持续发展、维护社会公平正义的基本需求。然而，目前中国基本公共服务均等化建设还相对滞后，区域间基本公共服务存在明显差异。为了解决由市场失灵引发的不平衡不充分发展问题，中国政府把建设基本公共服务均等化作为纠正不平等不充分发展的重要任务和现代国家治理的根本目标（许光建等，2019）[②]，实现区域基本公共服务均等化是中国未来社会发展的重要方向。因此，推动社会进步、生态环境和民生福祉的平衡发展，保障公民享有平等的公共服务，不仅是满足中国人民群众日益增长的美好生活的需求，也是维护国家长治久安和稳定经济社会发展的现实需要。

① 魏后凯.比较优势、竞争优势与区域发展战略[J].福建论坛（人文社会科学版），2004（9）：10-13.

② 许光建，许坤，卢倩倩.我国基本公共服务均等化研究：起源、进展与述评[J].扬州大学学报（人文社会科学版），2019，（2）23：41-49.

（四）影响南北平衡发展差距的因素

通过测算结果可知，北方地区在经济、社会、生态和民生领域的平衡发展水平均落后于南方，且南北平衡发展差距逐渐扩大，需要引起高度重视。究竟是哪些主要因素导致了南北地区在各领域的平衡发展差距，需要进行更加深入的探索和挖掘。本研究通过计算各二级指标的贡献率（见表 5-2）作为辅助，揭示导致南北平衡发展差距形成的深层次原因。

表 5-2 南北平衡发展差距贡献率 %

领域＼年份	2011	2012	2013	2014	2015	2016	2017	2018
经济效益	9.5241	9.1820	10.3016	10.9343	10.4011	10.8011	9.4899	9.5317
经济结构	21.3271	18.9032	18.1807	17.4816	15.0259	13.0486	11.9253	10.9368
创新驱动	5.0702	5.8297	6.2395	7.3481	7.9154	9.1501	10.3838	12.0873
基础设施	1.7902	1.8372	1.1995	1.7075	1.7562	2.0501	1.7583	1.7369
人力资本	−4.7830	−4.4089	−4.0737	−3.9874	−2.8470	−2.7404	−2.1795	−1.6117
经济发展	32.9287	31.3431	31.8476	33.4840	32.2516	32.3096	31.3778	32.6810
社会文明	6.2427	8.5357	5.6744	6.2821	6.5015	8.1902	8.5274	9.2166
社会安全	4.7761	4.4344	4.1258	1.3540	2.9727	3.5586	9.0316	8.9914
社会治理	0.8846	2.0260	3.6064	4.4101	4.6698	5.2136	5.2712	4.4980
社会保障	−3.7479	−1.6290	−0.8816	−0.4942	−0.1210	0.1599	0.4795	0.1569
社会进步	8.1555	13.3672	12.5250	11.5520	14.0230	17.1222	23.3096	22.8630
空气质量	21.7911	19.0596	17.5759	16.5775	16.8366	9.7273	5.4882	6.9961
水质量	1.6070	−0.2071	5.2088	3.9813	1.8137	2.7894	−1.7982	0.5971
土壤质量	32.2857	29.3162	28.2303	27.4065	23.8446	23.3702	22.1414	20.5408
环境治理	11.2871	12.6697	14.0075	11.4462	5.8948	4.9897	4.2394	3.2602
生态环境	66.9709	60.8383	65.0225	59.4115	48.3898	40.8765	30.0709	31.3941
收入	2.3835	2.4669	1.7525	2.1360	2.3577	2.8845	3.1378	3.3653
居住	7.9914	6.3404	5.3678	8.0457	8.1261	8.7496	10.7598	9.3557
教育	−10.5185	−9.3608	−10.3846	−9.3683	−4.6685	−1.6792	−0.8017	−2.3568
医疗健康	−7.9115	−4.9950	−6.1308	−5.2609	−0.4797	−0.2633	2.1457	2.6976
民生福祉	−8.0551	−5.5486	−9.3951	−4.4475	5.3356	9.6916	15.2417	13.0619

注：领域贡献率 = 领域南北平衡发展差距 ×100%÷（4× 南北总体平衡发展差距）；二级指标的贡献率 = 二级指标南北平衡发展差距 ×100%÷（4× 领域二级指标数量 × 南北总体平衡发展差距）。贡献率为正表示南方占优，贡献率为负表示北方占优。

1. 经济领域

（1）北方新旧动能转换艰难，新经济、新动能增长乏力，不利于抵御经济下行带来的冲击。2018年南北产业结构平衡发展差距贡献率为11.94%，处于高位。主要原因是北方新经济、新动能产业在发展规模和速度上均落后于南方。2018年，南方高技术制造业主营业务收入与GDP之比为22.25%，高于北方13.32个百分点。2011年南方信息传输、软件和信息技术服务业城镇单位就业人员占全国比重为46.27%，2018年上升至56.03%，增加了9.76个百分点。《中国电子商务报告2019》显示，2019年广东、浙江和上海网络零售额占全国网络零售额比重超过了50%，浙江、江苏和福建农村网络零售额占全国农村网络零售额比重超过了50%。可见，南方新经济、新动能发展迅速，北方则相对滞后。

北方新经济、新动能增长乏力不利于抵御经济下行带来的冲击。新旧动能的转换能否成功，在很大程度上取决于新经济发展的好坏（张其仔，2019）[①]。新经济在减缓传统经济增速下行压力、促进经济结构转型升级、推动高质量发展等方面发挥了重要作用（许宪春等，2020a）[②]。2018年，全国高技术制造业增加值增长11.7%，电子及通信设备制造业增长14.7%，医药制造业增长9.8%，计算机及办公设备制造业增长8.9%，增速分别高于规模以上工业增加值增速5.5个、8.5个、3.6个和2.7个百分点，对传统经济增速下行起到一定减缓作用。许宪春等人（2020b）[③]研究显示，新冠肺炎疫情对传统产业的冲击突出，信息传输、软件和信息技术服务业，高技术制造业等新经济新动能依然保持增长，对抑制经济下降起到重要作用。天津、黑龙江、辽宁2020年一季度实际生产总值同比下降幅度较大，与北方地区新旧动能转换艰难、增长乏力、应对新冠肺炎疫情冲击能力弱有直接关系。北方部分地区以资源型经济为主，产业结构整体偏重，产业韧性较低，对资源的依赖性强，这给北方地区新旧动能转换带来较大困难。

（2）创新能力南北差距依然突出、北方地区内部创新能力不平衡，造成“强者越强、弱者越弱”的经济发展走势。2011年，南北创新驱动平衡发展差距贡

① 张其仔. 加快新经济发展的核心能力构建研究 [J]. 财经问题研究，2019（2）：3-11.
② 许宪春，张钟文，关会娟. 中国新经济：作用、特征与挑战 [J]. 财贸经济，2020a（1）：5-20.
③ 许宪春，常子豪，唐雅. 从统计数据看新冠肺炎疫情对中国经济的影响 [J]. 经济学动态，2020b（5）：41-51.

献率为 5.07%，2018 年增长至 12.09%，在经济领域的贡献率最高。一方面，南北创新能力分化趋势加剧。从创新投入来看，南北地区 R&D 经费投入强度之比由 2011 年的 1.68 ∶ 1.65 持续增至 2018 年的 2.27 ∶ 2.03；从创新产出来看，南北地区万人发明专利拥有量之比由 2011 年的 2.52 ∶ 2.17 持续增至 2018 年的 12.74 ∶ 9.70。另一方面，北方地区内部创新能力差距明显。南方地区创新驱动发展损失由 2011 年的 28.92% 逐年递增至 2018 年的 33.34%；北方地区由 2011 年的 41.44% 逐年递增至 2018 年的 46.97%，明显高于南方。京津冀城市群创新驱动发展指数是西北地区的 2.38 倍，是东北地区的 2.21 倍，创新能力明显高于北方其他地区。在京津冀城市群内部，河北创新驱动发展指数仅相当于北京的 8.45%，差距显著。

中国经济发展正处于跨越“中等收入陷阱”、进入高收入国家的关键时期。以创新驱动为引领，推进现代化经济体系建设，是实现经济由高速增长向高质量发展转变的必经之路，创新驱动区域差距将会导致区域经济发展差距的扩大。创新具有明显的集聚特性，在纯粹的市场经济条件下，科技创新将会拉大地区经济差距（王业强等，2017）①，未来区域协调发展的状态也在很大程度上取决于科技创新能力在区域上相对均衡的程度（樊杰和刘汉初，2016）②。南方地区因创新能力更强而比北方地区获得更快的发展机遇，有可能导致南北经济发展差距加剧，造成“强者越强、弱者越弱”的经济发展走势。

（3）北方人力资本下降速度过快、教育发展相对缓慢，对南北经济发展差距的影响不容忽视。2011—2018 年间，南方人力资本平衡发展指数由 69.47 下降至 67.87，年均下降 2.30%。北方人力资本平衡发展指数由 73.48 下降至 70.00，年均下降 4.74%，降幅明显高于南方，出现人力资本下降速度过快现象。具体来看，①北方劳动力数量下降过快。近年来，受人口老龄化程度加深影响，中国劳动力人口占比持续下降。而北方地区人口外流趋势加剧，又进一步加速了劳动力人口占比的下降速度。②北方劳动力质量提升速度缓慢。2011—2018 年间，北方劳动

① 王业强，郭叶波，赵勇，胡浩 . 科技创新驱动区域协调发展：理论基础与中国实践 [J]. 中国软科学，2017（11）：86-100.

② 樊杰，刘汉初 .“十三五”时期科技创新驱动对我国区域发展格局变化的影响与适应 [J]. 经济地理，2016（1）：1-9.

年龄人口平均受教育年限平衡发展指数年均增速为0.67%，低于南方（0.77%）0.10个百分点。

教育投入与人力资本水平成正比（于凌云，2008）[①]。教育投入空间外溢效应明显，能够促进人力资本的优化，提高劳动力的生产效率，是形成和积累人力资本的核心。南北地区教育发展不均衡问题日益突出，具体为：①南方教育投入力度明显高于北方。2015年南方生均公共财政预算公共经费支出平衡发展指数为39.04，略低于北方（39.20）；2017年，南方增长至47.77，超出北方5.35；2018年高于北方1.95。②北方内部教育投入分布不均衡，教育资源集中在北京。2018年北京高中及以下阶段生均公共财政预算公用经费支出达到东北地区的5.14倍，达到西北地区的4.45倍。

造成区域发展不平衡的因素很多，其中人力资本发挥了重要作用。刘伟和张立元（2020）[②]指出，潜在经济增长率受要素效率和全要素生产率的影响，在错综复杂的影响和制约因素中，人力资本的积累、质量、水平发挥重要作用。人力资本存量较大的地区有可能在长时期内保持相对较高的经济增速，是影响地区差距长期趋势的重要因素（王小鲁和樊纲，2004）[③]，人力资本的不均衡更会加剧经济的区域发展差距（Acemoglu and Autor，2012[④]；蔡昉等，2001[⑤]；Fleisher et al.，2010[⑥]）。当前中国经济已从高速增长迈向高质量发展阶段，迫切需要由要素驱动转换为人才支撑的创新驱动。人力资本在区域之间的非均衡演化，是导致中国南北经济发展不平衡的重要因素。

2. 社会领域

（1）北方地区公共文化要素资源错配是导致社会文明平衡发展差距拉大

① 于凌云．教育投入比与地区经济增长差异[J]. 经济研究，2008（10）：131-143.

② 刘伟，张立元．经济发展潜能与人力资本质量[J]. 管理世界，2020（1）：8-25.

③ 王小鲁，樊纲．中国地区差距的变动趋势和影响因素[J]. 经济研究，2004（1）：33-44.

④ Acemoglu D, Autor D. What Does Human Capital Do? A Review of Goldin and Katz's The Race between Education and Technology[J]. Journal of Economic Literature, 2012(2): 426-463.

⑤ 蔡昉，王德文，都阳．劳动力市场扭曲对区域差距的影响[J]. 中国社会科学，2001（2）：4-14.

⑥ Fleisher B, Li H, Zhao M. Human Capital, Economic Growth, and Regional Inequality in China[J]. Journal of Development Economics, 2010, 2 (92): 215-231.

的重要原因。改革开放以来，中国不断加强公共文化服务建设，加快建设和完善公共文化服务体系，人民群众文化获得感不断增强，但南北之间公共文化服务差距逐渐扩大。2011—2018 年，社会文明平衡发展差距贡献率由 6.24% 上升至 9.22%，差距最为显著。具体来看，北方人均拥有公共图书馆藏量平衡发展差距由 2011 年的 6.48 上升至 2018 年的 9.80；北方人均文化事业费平衡发展差距由 2011 年的 1.90 上升至 2018 年的 9.68。由此可见，北方文化资本储备量和文化投入力度均低于南方。

北方地区公共文化要素资源配置不合理。北方省际之间文化要素资源配置不平衡，既存在文化“凹地”，也存在文化“集中地”。在京津冀地区，文化要素资源集中在北京，其次是天津，而河北最弱。北京人均拥有公共图书馆藏量是河北的 3.72 倍。河南人均拥有公共图书馆藏量仅相当于北京的 24.63%。可见文化要素配置同经济发展水平、人口规模不相适应。北方公共文化资源配置效率不高。近年来中央和省级财政加大了对公共文化服务事业建设的资金投入，尤其在西北地区人均公共文化事业费已经高于全国平均水平，而人均拥有公共图书馆藏量明显低于全国平均水平。西北地区公共文化建设经费过多投入到外部建筑上，以及缺乏后期运行的保障资金，文化设施空置率较高，文化投入效果没有得到有效发挥。因此，要精准实施公共文化要素投入，公共文化要素投入要与经济、人口规模相适应，要发挥公共文化要素的配置效率。

（2）南北地区养老保险失衡是导致社会保障不平衡的主要因素。养老保险失衡是现阶段南北社会保障不平衡的主要问题，南北养老保险平衡发展差距由 2012 年的 0.39 增长至 2016 年的 1.47，2018 年为 0.29。北方养老保险覆盖范围明显低于南方，且内部两极分化严重。南北养老保险覆盖率平衡发展差距由 2012 年的 2.79 增加至 2018 年的 3.36，差距显著。从省级层面看，2018 年北京和河南的养老保险覆盖率均超过了 90%，内蒙古、黑龙江、吉林和天津的养老保险覆盖率不足 70%。北方养老金替代率增长缓慢，部分省份仍出现趋势下行现象。2011—2018 年，南方以人口加权的养老金替代率由 0.535 上升至 0.683，年均增速为 2.49%。北方以人口加权的养老金替代率由 0.754 上升至 0.815，年均增速为 1.12%。总体来看，2014 年以来中国养老金替代率下降局面开始扭转，说明中国退休人员基本生活保障水平正逐步提高。但北方部分省份仍出现明显的下降趋势。北京、陕西、青海、新疆等地均出现养老金替代率回落的现象。

省级养老保险统筹“壁垒”是导致养老保险南北发展不平衡的主要原因。中国社会养老保险大多数省份只在市级或者县级统筹，属地管理留下了不同地区之间的养老保险制度碎片化问题（郑功成，2015）①。不同地区之间年龄结构、工资水平各不相同，参保人数和待遇也存在巨大差距。2018 年，东北地区职退比低于 2，黑龙江仅为 1.27，而广东高达 6.73（封进和赵发强，2019）②。各省（区、市）养老保险基金结余也存在很大差异。作为社会“稳定器”之一的养老保险制度，在调节社会收入分配和缩小区域贫富差距中承担着极其重要的作用。实现基本养老保险全国统筹是平衡南北社会保障发展刻不容缓的既定目标。

3. 生态领域

南北空气、水和土壤质量差距悬殊，产业聚集是导致南北生态环境分化的重要原因。① 2018 年南北土壤质量平衡发展差距贡献率为 20.54%，居于生态领域之首。中国土地荒漠化和沙化状况依然严重，尤其在西北地区和内蒙古，土壤污染防治任务艰巨。② 2018 年南北空气质量平衡发展差距贡献率为 6.70%，居第二位。由于华北和西北地区以重化工为主的产业结构和以煤为主的能源结构没有根本改变，对空气质量产生明显的负面影响。华北地区和西北地区空气污染情况较为严重。在 AQI 指数优良率最低的 10 个省份中，有 6 个位于华北地区，2 个位于西北地区。在细颗粒物浓度未达到二级天数占全年比重最高的 10 个省份中，同样是位于华北和西北地区的省份居多。③ 2018 年南北水质量平衡发展差距贡献率为 0.60%。东北地区和华北地区是水污染的“重灾区”。地表水劣于 V 类水体比例最高的 6 个省份均位于华北和东北地区。《2019 年全国生态环境质量简况》显示，黄河、松花江、淮河、辽河和海河流域均为轻度污染。

北方地区传统产业较多，重工业比重过高。化工、冶金、水泥、钢铁等高污

① 郑功成. 从地区分割到全国统筹——中国职工基本养老保险制度深化改革的必由之路 [J]. 中国人民大学学报，2015（3）：2-11.

② 封进，赵发强. 新中国养老保险 70 年：经验、问题与展望 [J]. 社会保障研究，2019（6）：16-26.

染行业的迅速发展，导致对资源的依赖性强，对能源需求大且利用率低。目前，北方仍有部分地区处于工业化中期，以重工业为主的产业结构转型过程缓慢。相比之下，以长三角和珠三角城市群为代表的东南沿海地区已经成功实现产业优化转型，产业结构朝着高端、高效、高附加值转变。大量关于中国的实证研究表明，产业集聚会明显加剧地区环境污染（He et al.，2014[①]；张可和汪东芳，2014[②]）。产业集聚有利于扩大企业规模并提高生产效率，同时需要投入大量的生产要素以及能源（Ottaviano and Pinelli，2006）[③]。因此，北方地区在优化自身产业结构的同时，更要发挥技术进步在产业中的重要作用，避免重蹈“先污染后治理”的覆辙。

4. 民生领域

（1）区域间的收入差距凸显是导致南北收入不平衡的主要因素，新一代信息技术短期内加剧了南北地区的收入不平衡。2018 年，南北收入平衡发展差距对民生领域差距的贡献率为 3.37%，对南北民生领域发展差距贡献突出。①南北区域间收入差距扩大。南北收入平衡发展差距由 2011 年的 1.60 增加至 2018 年的 3.58，差距增加了 1.98。具体而言，2011 年南北居民人均可支配收入比为 1.059 ∶ 1，2018 年扩大到 1.075 ∶ 1。南北人均消费支出差距由 2011 年的 2231.02 元上升至 2018 年的 4036.38 元。②南北区域内收入差距收窄。2011—2018 年，南方收入发展损失由 19.30% 下降至 16.05%，北方收入发展损失由 13.72% 下降至 11.98%，南北内部不平衡性均有所改善。近年来，党和政府积极推动收入分配制度改革，收入分配和再分配体系不断完善，区域内部收入差距的扩大势头得到抑制，发展不平衡趋势开始逐渐回落。由此可见，南北收入平衡发展差距的形成，主要由南北地区之间的差距决定，而地区内部趋于平衡。

① He C，Huang Z，Ye X. Spatial heterogeneity of economic development and industrial pollution in urban China[J]. Stochastic Environmental Research & Risk Assessment，2014，28（4）：767-781.

② 张可，汪东芳 . 经济集聚与环境污染的交互影响及空间溢出 [J]. 中国工业经济，2014（6）：70-82.

③ Ottaviano G，Pinelli D. Market Potential and Productivity: Evidence from Finnish Regions[J]. Regional Science & Urban Economics，2006，36(5): 636-657.

区域之间收入差距的成因错综复杂，李实和朱梦冰（2018）[①]认为城镇化、政府公共政策、税收政策等是推动收入差距变化的短期因素，而资本深化机制、政府干预机制和公共服务机制是影响收入分配格局的长期因素。然而，新一代技术革命诞生，将会对中国收入分配格局产生新的冲击。在信息技术驱动下，中国实体经济的数字化、网络化、智能化水平不断攀升，将深刻改变人类社会生活和生产方式，进而影响劳动力市场的短期和长期结构以及收入分配格局。新一代技术革命的出现会在短期内加剧南北收入差距的扩大。在短期，人工智能等技术可能会替代某些职业，对一些低收入群体的工作产生冲击。而高收入群体会率先获得技术革命带来的红利，高技能工人将继续受益于人工智能和其他新技术，从而扩大区域收入差距。同时，新一代信息技术将会使高技术制造业更具聚集性，从而限制落后地区的产业结构转型，进一步拉大南北收入差距。但就长期而言，新一代信息技术的发展将会创造更多就业机会。

（2）北方住房支付能力下降过快，将进一步加剧民生领域平衡发展差距。房价收入比是反映居民住房支付能力的关键指标。2016 年开始，南方房价收入比平衡发展指数超过北方，差距由2016年的2.15扩大至2017年的7.74，2018年为4.77。一方面，京津地区房价收入比（逆向指标）拉高了北方地区的整体水平。另一方面，北方地区房价收入比内部差距显著，导致房价收入比发展损失居于高位。而北方地区除去北京之外，南北房价收入比平衡发展差距并不突出。

更值得警惕的是，近年来北方地区房价收入比平衡发展指数过快的下降趋势。2015 年以来，南北地区房价收入比平衡发展指数均呈现下降趋势，这说明房价上涨速度高于人均可支配收入的提高速度。北方地区房价收入比平衡发展指数年均下降 7.31%，高于南方 3.15 个百分点。2015—2018 年房价收入比年均增速最高的 10 个省份分别为北京、天津、河南、陕西、上海、海南、江苏、山西、湖北和河北，6 个位于北方地区。河南、陕西、山西和河北等省份，经济发展速度并非十分突出，房价收入比增速却居于全国前列。这说明北方部分地区房价上涨幅度与其经济发展速度不相协调，而南方地区经济发展较快却并未带来房价相对收

① 李实，朱梦冰 . 中国经济转型 40 年中居民收入差距的变动 [J]. 管理世界，2018（12）：19-28.

入的更快上涨。

住房是人民的基本生存保障，住房购买成本是人口迁移成本的重要组成部分。流动人口在选择流入城市时，会综合考虑房价、收入、城市公共服务等多种因素。房价收入比的上升会增加流动人口的迁移成本，增加生活压力，降低流动人口的长期居住和市民化意愿，进而抑制劳动力在该地区的聚集（Helpman，1998）①。北方部分省份在经济发展水平相对落后的情况下，房价收入比却出现过快上升现象，将减弱流动人口的居住意愿，对农业人口转移和城镇化带来新挑战。住房问题是劳动者在选择城市时至关重要的考虑因素，而劳动力聚集带来的人力资本积累是影响城市经济增长的重要因素（张莉等，2017）②。因此，住房支付能力上的明显差距，可能会促使南北发展差距的进一步扩大。

（五）对策建议

党的十八大以来，中国区域经济发展迎来转折时期，区域空间格局发生深刻变化，南北差距成为值得关注的新问题。本章从经济、社会、生态和民生四个维度，构建南北平衡发展指数，更为全面地刻画和测度了南北差距，平衡不等于平均，实现平衡发展需要在问题的关键节点上发力，以重点突破推动整体发展。本章提出以下政策建议：

1. 大力培育北方新经济、新动能

长期以来，北方地区经济发展过度依赖资源和资本密集型的重工业，传统产业的动能随着经济社会的演进而逐渐减弱。因此，需要在北方大力培育新经济、新动能，适应新的经济发展趋势。加快北方传统产业转型升级，发挥传统产业在新经济新动能中的引育作用。利用信息技术改造和提升传统产业，推进产业向产业链高端迈进，提高产品附加值。大力发展北方战略性新兴产业和高技术产业，壮大发展新动能。破除产业创新体系与技术转移体系的体制机制障碍，突破“卡脖子”技术。大力培育北方新产业、新业态，深入推进企业数字化转型。积极运

① Helpman E. The Size of Regions[M]// Pines, D, Sadka E, Zilcha I. Topics in Public Economics: Theoretical and Applied Analysis. Cambridge: Cambridge University Press, 1998.

② 张莉，何晶，马润泓 . 房价如何影响劳动力流动 ?[J]. 经济研究，2017（8）：155-170.

用5G、大数据、云计算、人工智能等新一代信息技术，推动信息技术与实体经济深入融合。

2. 助力北方实施创新驱动发展战略

提高北方地区创新驱动能力，是新时期促进区域协同发展所要考虑的重要任务。充分发挥地区丰富的资源优势，推动资源优势向经济优势的转变。西北和中部地区矿产资源丰富，为电子、新材料、新能源加工等高技术产业创造了条件。优化北方地区科技创新环境。优化政府财政支持政策环境、科技型企业融资环境以及科技创新人才引进与成长环境。北京作为北方创新驱动的聚集地，应发挥其创新驱动的牵头带动作用。发挥北方地区在人力资本存量方面的优势。尽管北方地区人才外流严重，但北方地区人力资本存量相对南方仍存在一定优势。应大力培育创新主体，激发人力资本活力，将人力资本方面所具备的优越性转化为促进创新产出和提升产业价值链的核心动力。

3. 以文化产业助推北方公共文化建设发展

随着居民消费结构逐步升级，对教育文化、旅游休闲、体育娱乐等方面的消费需求逐渐上升，这为推动文化产业繁荣发展带来契机。应大力推进北方地区发展文化产业，以文化产业反哺文化事业发展，促进区域文化事业协调发展。一方面，发挥地区文化资源比较优势和文化特色，指引文化产业内容创作与生产，将区域文化外化于文化消费、文化传播等环节，提升文化软实力。另一方面，将文化产业与“科技创新”“互联网+”深度融合，鼓励文化企业创新，为北方地区经济转型升级提供新思维、新动能，以文化产业发展助力北方地区经济持续、健康发展，努力实现社会效益和经济效益“双效”统一。

4. 提高基础养老金的统筹层次

实现基本养老金全国统筹，形成养老保险金存量调剂的合理机制，解决区域发展不平衡的问题。“十四五”规划再次将实现基本养老保险全国统筹纳入任务目标，可见基本养老保险全国统筹已箭在弦上。就目前来看，实现基本养老保险全国统筹还面临一定挑战，需要平衡各方利益，以公平公正为建设使命（高和荣和薛煜杰，2019）[①]。因此，要扫清面临的障碍，为养老保险的全国统筹做准备。中国养老保险的省级统筹工作还不够完善，现阶段需要在完善养老保险省级统筹的基础上，加强全国养老保险统筹的制度设计，增加制度统一的相关规定，整合各省份碎片化的基本养老保险制度。

5. 促进区域环境协同治理

生态环境具有时间上的连续性和空间上的不可分割性特点。生态环境问题是一个整体性和全局性的问题，仅依靠单一政府、市场或社会治理模式难以达成有效治理（方世南，2009）[②]。因此，生态环境跨区域治理是推动南北地区生态协同发展的现实需要。由于各地区之间生态环境差异较大，协同推进生态环境共同保护的机制手段还有待完善。目前，跨域生态环境协同治理面临着环境保护内聚力不足、责任分担难以界定、合作共识难以达成等治理困境。因此，实现生态环境的协同治理，必须在各治理主体之间的政治博弈中寻求动态平衡，需要构建有效的承诺与合作机制、信誉机制、信息沟通机制、激励机制以及监督机制，加强规范性制度的顶层设计，完善和保障各方主体合作的制度环境。

6. 缩小区域居民收入差距

缩小南北地区居民收入差距，可以从以下三个方面施力：

（1）协调区域经济发展。大力培育北方新经济、新动能，加快北方地区经济结构转型升级，推动区域经济协调发展。

（2）推进公共服务均等化。均等地享有政府提供的公共服务是每个公民的基本权利，有利于经济健康、持续地发展。可通过加大政府转移支付力度，提高不同区域人民的生活综合质量。

（3）发挥国家的政策调控作用。发挥中心城市在区域协同发展中的核心作用，提升中心城市的承载力。充分发挥城市群的辐射带动作用，以城市群带动区

① 高和荣，薛煜杰 . 基本养老保险全国统筹面临的挑战及其应对 [J]. 华中科技大学学报，2019（1）：29-34.

② 方世南 . 区域生态合作治理是生态文明建设的重要途径 [J]. 学习论坛，2009（4）：40-43.

域板块之间融合互动发展，以经济发展带动各地区居民收入的增长，缩小南北地区居民收入的差距。

7. 加快城镇基本保障性住房建设

住房支付能力与居民实际生活水平息息相关，保障居民居住问题，事关民生福祉。要加强保障性住房建设，精准施策，完善住房供需的制度。构建区域差异化的住房保障体系，有针对性地推进住房矛盾突出地区保障性住房的覆盖面，在保障性住房缺口较大地区适度扩大保障性财政支出，避免住房政策“一刀切”的模式。以人口流动为导向因地制宜建立保障住房供需调节机制。完善房价调控机制，降低房价收入比，增强流动人口的居住意愿。建立针对不同地区的差别化房价调控目标，紧密结合城市住房支付能力，对不同收入层次的流动人口制定不同的住房解决方案。

专题三：长三角高质量一体化发展评价分析

（一）引言

长三角是我国最重要的发达区域经济体之一，其经济体量庞大、产业集聚程度高、要素流动频繁、基础设施相对发达、城市分布密集，区域内集中了大量的优质生产要素、先进制造业和高端服务业。改革开放以来，长三角地区承担着引领和率先实现创新发展、迎接新一轮科技革命、探索制度创新的战略任务，在转变中国经济发展方式，优化产业结构，引领和开拓科技领域建设，提高经济增长质量和效益中起着重要作用。2018 年，习近平总书记就关于推动长三角更高质量一体化发展做出重要指示，将长江三角洲区域一体化发展上升为国家战略。随后，李克强总理在 2019 年政府工作报告中突出强调长三角区域高质量一体化发展在深化供给侧结构性改革，加快推动质量变革、效率变革、动力变革，实现经济社会稳步增长中具有关键作用，充分体现了党中央对长三角高质量一体化发展的高度重视。长三角区域作为带动全国高质量一体化发展的新动力源，其经验做法亦将对其他城市群实现高质量一体化发展产生积极的示范作用。因此，开展长三角高质量一体化发展统计监测与评估分析工作，对探索我国区域一体化创新发展模式，诠释区域协调发展新内涵，开拓平衡发展新思路具有重要的理论与实践意义。

为此，本专题结合《规划纲要》①，从长三角高质量一体化发展的内涵出发，认为长三角高质量一体化发展的核心要义是发展。这种发展，首先是一体化地发展。一是三省一市的发展应具有协同性，在重点发展中心城市或城市群的同时，能够辐射周边区域，带动其他城市共同发展。二是区域内部发展要有关联性，不是孤立地发展，而是联系地发展，是资源要素在区域内自由流动所折射的地区联系。三是地区间发展要有协调性，地区间的发展差距不能太大，区域发展差距应表现出逐渐缩小的趋势。其次是高质量地发展，即要贯彻新发展理念，坚持质量第一、效益优先，以供给侧结构性改革为主线，供给体系和产业结构迈向中高端，区域

① 2019 年 7 月，中共中央政治局会议审议和印发的《长江三角洲区域一体化发展规划纲要》，明确了长三角区域“一极三区一高地”的战略地位，为长三角实现更高质量一体化发展提供了重要的理论指导，并提出了聚焦重点领域实现协同推进和重点区域实现率先突破的具体实施方案。

经济创新力和竞争力显著增强，且能够很好地满足人民日益增长的美好生活需要。

可以说，长三角高质量一体化发展紧扣“一体化建设”和“高质量发展”两个关键词。抓住长三角一体化上升为国家战略的契机，通过体制改革和制度调整统一规划建设，深化地区间的合作、分工和协同机制，促进“三省一市”在经济、社会、民生、生态等领域的深度融合和一体化发展。坚持以新发展理念引领高质量发展，提升科技创新和产业融合发展能力，提高城乡区域协调发展水平，提升生态环境共保联治能力，推进更高水平协同开放，提高公共服务便利共享水平，形成协同发展新格局，开创普惠便利共享发展新局面，率先实现质量变革、效率变革、动力变革。

综上所述，长三角高质量一体化发展的目标不仅在于提高区域整体综合实力，同时还包括建立更加有效的一体化体制机制和统一开放的市场体系，推动城乡区域协调发展格局和科创产业融合发展体系，实现基础设施互联互通，提升生态环境共保联治能力，提高公共服务便利共享水平。本专题将从综合质效、区域协作、创新共建、互联互通、绿色共防、民生共享、市场融合、体制机制八个方面出发，以定量角度客观、有效地衡量和评价长三角区域高质量一体化发展的水平和趋势，服务于长三角一体化发展的监测和分析，为相关政策的制定、评估和经验借鉴提供分析依据，助力长三角区域实现更高质量一体化发展。

（二）长三角高质量一体化发展的现状与趋势分析

1. 综合质效

长三角经济发展总体领先，高质量发展初见成效。从规模上看，如表 5-3 所示，2012 年以来长三角区域的经济总量、金融发展和对外贸易三项指标占全国比重基本维持稳定，其中，GDP 总量和金融机构信贷规模两项指标约占全国 1/4、货物进出口贸易总额占全国 1/3 以上，充分体现出长三角地区强劲的综合实力、发展稳定性及其在我国经济社会发展中的重要地位。从经济发展上看，2012 年以来长三角区域 GDP 总体呈现平稳下降的趋势，这与中国进入新常态，整体经济降中趋稳的态势保持一致。值得关注的是，长三角区域整体经济仍充满活力，如

图 5-7 所示，对比全国 GDP 增速，长三角区域 GDP 增速均高于全国平均水平，成为引领全国经济发展的重要引擎，2018 年高出 0.38 个百分点，其中安徽高出 1.42 个百分点，浙江、江苏分别高出 0.5 个、0.1 个百分点。从质量效益上看，长三角区域单位 GDP 能耗远低于全国水平，其中，2018 年长三角区域单位 GDP 能耗为 0.3961 吨标准煤 / 万元，全国为 0.6762 吨标准煤 / 万元。总体上讲，长三角区域充分发挥其改革开放前沿和集聚辐射优势，高质量发展初见成效。

表 5-3 2010—2018 年长三角区域各项指标占全国比重 %

指标＼年份	2010	2011	2012	2013	2014	2015	2016	2017	2018
GDP	23.94	23.76	23.42	23.37	23.34	23.34	23.95	23.79	23.49
金融机构信贷资金	28.54	27.84	26.33	26.93	27.06	25.65	25.48	25.92	25.00
货物进出口贸易	37.41	36.19	34.55	33.02	33.34	35.15	35.93	36.50	36.23

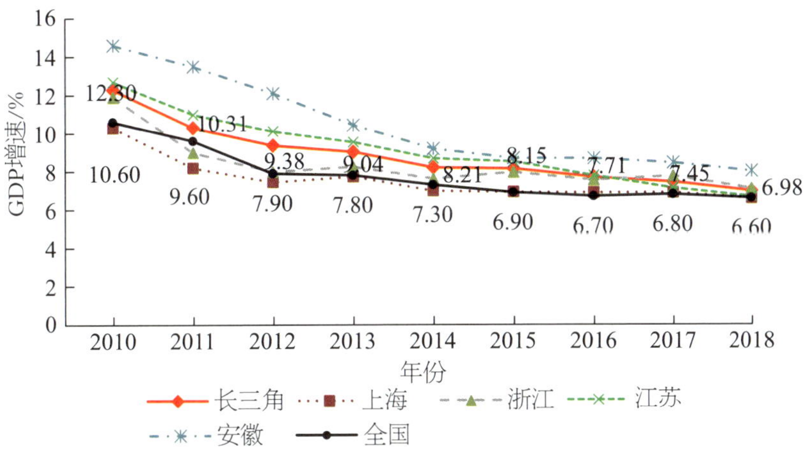

图 5-7 2010—2018 年全国、长三角及“三省一市”GDP 增速

从区域内部看，上海龙头带动作用突出，苏、浙、皖三省后劲十足。如图 5-8 所示，2012 年以来，“三省一市”的 GDP 占全国比重大体保持稳定，其中，上海和浙江的占比略有下滑，江苏和安徽的比重小幅提高。从地均产出上看，2018 年，上海每平方千米产出 GDP 为 5.12 万元，而其他三省均不足 1 万元。可见，上海对长三角区域经济发展具有较高的影响力和带动力，其在长三角区域的龙头带动作用十分突出，为长三角引领全国经济增长贡献显著。

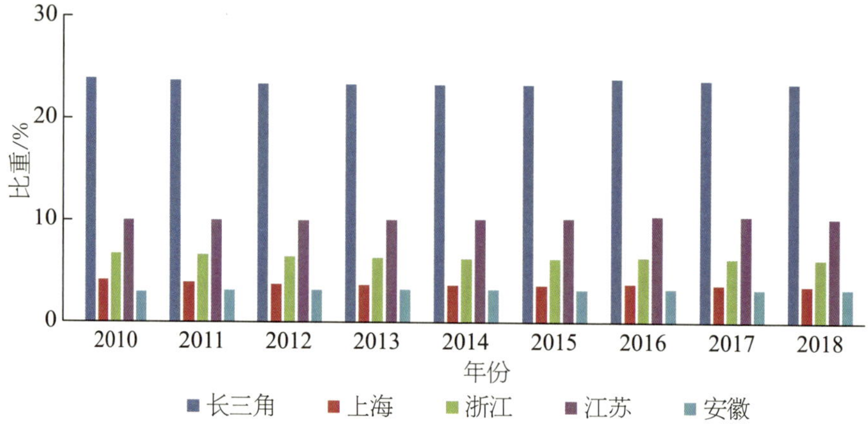

图 5-8 2010—2018 年长三角及“三省一市”GDP 占全国比重

2. 区域协作

长三角区域内部经济联系更加活跃，产业分工趋于合理。长三角“三省一市”的跨区域协调互动程度不断加深，区域协调发展向更高水平和更高质量迈进。2018 年，长三角内部跨城市设立的总部分支机构数超过 13.5 万家，约为 2010 年的 2.5 倍；企业股东联合设立企业数超过 6000 家，体量约为 2010 年的 5.7 倍（见图 5-9）；跨城市企业间的股权投资频次接近 9500 次，约为 2010 年的 3 倍（见图 5-10）。其中，上海总部机构在浙江设立的分支机构数最多，且江苏和浙江拥有的分支机构数远超安徽。可见，长三角内部跨区域的经济合作互动在不断强化、加深。

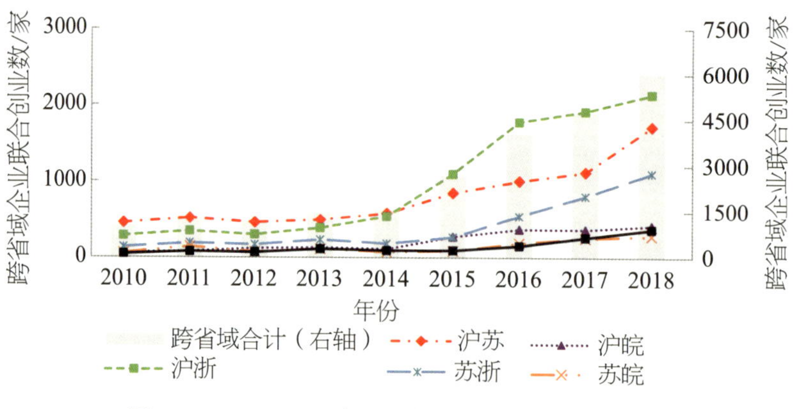

图 5-9 2010—2018 年长三角跨省域企业联合创业数

具体地，从区域来看，“三省一市”之间表现出差异化的协同上升。由“三省一市”的跨省域联合设立企业数情况和企业股权投资频次情况来看，一方面，上海、江苏、浙江、安徽之间的关联程度呈现逐渐上升的趋势，长三角地区的协同发展表现出良好态势；另一方面，上海、江苏和浙江的经济联系程度远高于安徽，安徽与上海、江苏和浙江的经济联系程度均较低，这在一定程度上表明安徽尚未深度融入长三角地区，上海对安徽的扩散带动效应仍有较大提升空间。

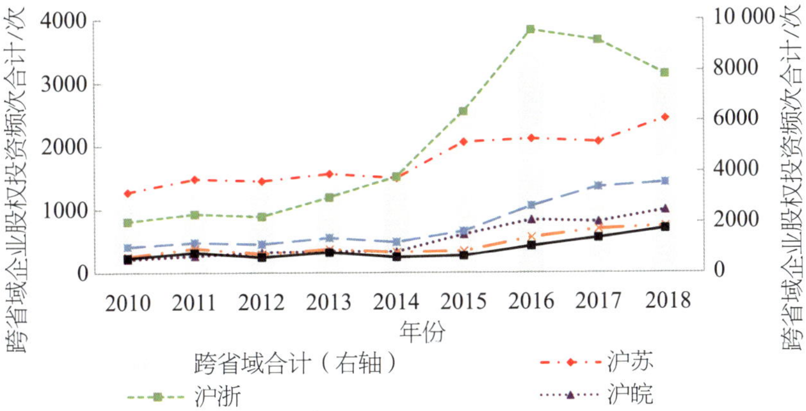

图 5-10　2010—2018 年长三角跨省域企业股权投资频次

分工合作方面，长三角地区产业结构专业化分工得到进一步优化加深。2010—2018 年，克鲁格曼（Krugman）专业化指数逐年提升，2018 年得到较快发展，其值为 0.37，较上年增长 9.1%（见图 5-11）。但值得注意的是，目前克鲁格曼专业化指数总体水平相对还不够高，这也说明长三角地区与其他地区的分工合作和产业结构调整仍有较大提升空间。

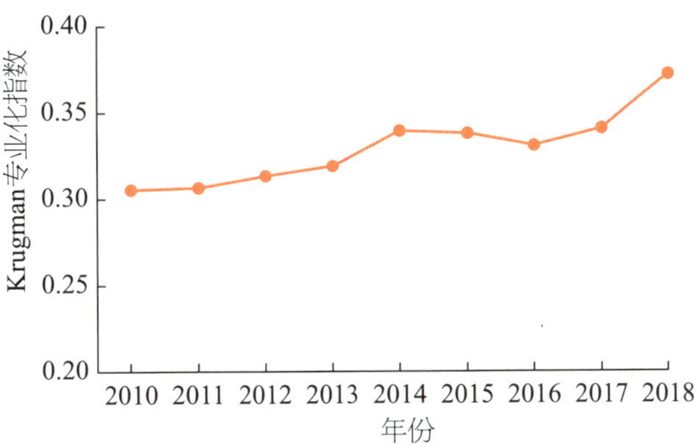

图 5-11　2010—2018 年长三角 Krugman 专业化指数的演变趋势

从城乡融合上看，长三角城乡居民可支配收入差异缩小，城镇化进程呈更高质量发展趋势。其一，长三角及“三省一市”城乡居民可支配收入之比均呈下降趋势；区域方面，上海、江苏和浙江城乡居民可支配收入之比远低于安徽和长三角整体水平，且浙江的居民可支配收入之比水平最低；此外，“三省一市”的城乡居民可支配收入之比没有表现出明显的收敛趋势（见图 5-12）。其二，长三角地区“三省一市”的城镇化率有收敛趋势；上海市的城镇化率基本持平，但在2015—2017 年略有下降，江苏、浙江和安徽的城镇化率逐年提升；区域发展方面，江苏的城镇化率最高，其次为浙江，安徽最低，且苏、浙、皖的城镇化进程大体同步，没有明显的收敛发展趋势（见图 5-13）。综合来看，长三角地区的城乡居民可支配收入差异缩小，城镇化进程呈现更高质量发展的趋势。但城乡一体化发展水平仍较低，尤其是安徽，应加快城乡居民收入分配制度改革和城镇化建设进程。

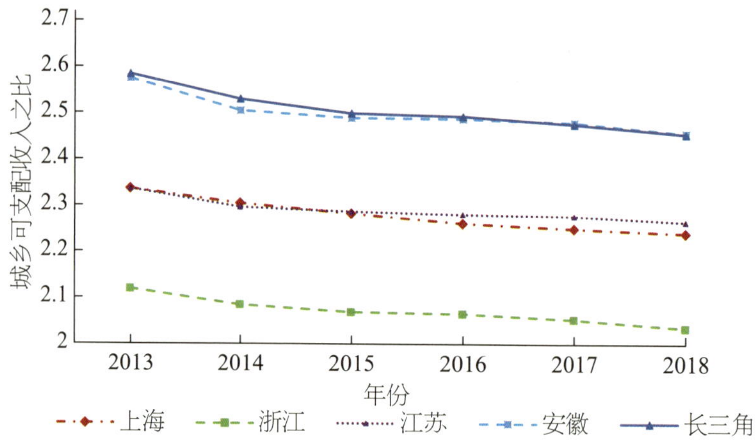

图 5-12　2013—2018 年长三角及“三省一市”城乡居民可支配收入之比趋势

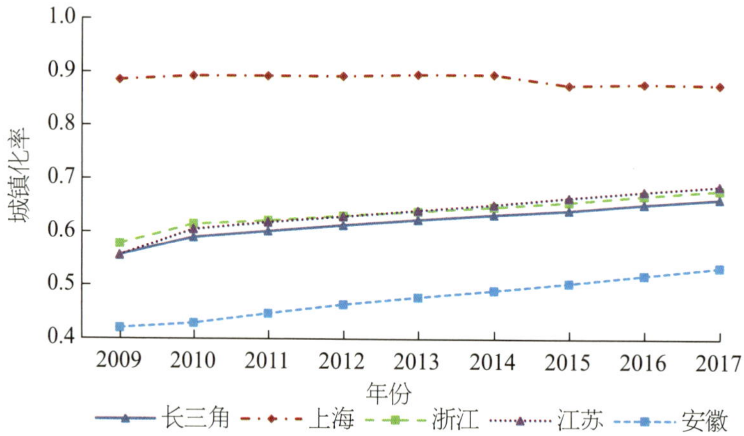

图 5-13　2009—2017 年长三角及“三省一市”城镇化率趋势

3. 创新共建

长三角区域进入创新共建的新阶段，协同创新科技得到长足发展。从创新主体看，2018 年，长三角每万家企业法人中高新技术企业数为 51 282 家，较上年上涨 18.6%，其中，江苏最高，为 21 371 家，往下依次为浙江、上海和安徽；长三角规模以上工业企业中有研发活动企业占比为 37.46%，较上年增长 0.4 个百分点，其中，江苏占比最高，为 42.52%，往下依次为浙江、上海和安徽。从投入产出看，长三角的创新投入与产出总体呈上升趋势。具体地，创新投入方面，2018 年，长三角的 R&D 经费支出与 GDP 之比为 2.95%，高出全国平均水平 0.8 个百分点，较上年提高 0.12 个百分点。其中，上海的 R&D 经费支出与 GDP 之比长期处于最高位，2018 年为 4.16%，往下依次为江苏、浙江与安徽。2018 年，长三角的专业技术人员占就业人员比重为 2.09%，与上年基本持平。其中，上海的专业技术人员占就业人员比重最高，为 3.50%，略高于浙江与江苏，安徽则处于较低水平，其值仅为 0.53%。创新产出方面，2018 年，长三角的规模以上企业新产品产值 71 018.94 亿元，较上年增长 3.3%。其中，江苏最高，其值为 28 425.04 亿元，占长三角的比重约为 40.0%。2018 年，长三角的发明专利拥有量 1 746 591 件，较上年增长 28.8%。其中，江苏最高，为 792 470 件，占长三角的比重约为 45.4%。从创新联动上看，2018 年跨地区联合申请专利达 4283 件，较上年有所下降，但 2010—2018 年总体呈上升趋势，尤其 2015—2017 年增长速度较快。

总体上看，长三角地区创新共建成效显著，创新发展充满活力与潜力。通过上述分析发现，上海在科技创新方面得到了长足的发展，对促进长三角实现创新共建发展发挥了巨大的龙头作用。值得关注的是，江苏在创新主体和创新产出中崭露头角，自提出加快建设有全球影响力的产业科技创新中心的口号以来，江苏以其强大的制造业基础为依托，扮演着主动服务和支持上海发挥龙头作用、加强同浙江的两翼联动、更好辐射和带动安徽发展的角色，为长三角地区在创新链和产业链中产生大量的交集与关联做出重大贡献。

4. 互联互通

基础设施相对完善，互联互通水平领跑全国。地区之间的互联互通是长三角一体化发展的重要支撑和保障。长期以来，长三角地区各省市高度重视交通互联和信息互通建设，取得了显著的成绩，为长三角高质量一体化发展提供了巨大的基础保障。

一方面，长三角地区的公路通达能力加快推进了长三角交通互联一体化。对比全国，长三角地区公路密度发展较快且整体远高于全国水平。据统计，2018 年长三角的公路密度为 1.41 公里 / 平方公里，高出全国 0.90 公里 / 平方公里，可以看出长三角地区的公路通达能力较强，交通互联得到较好发展；对比各地区公路密度，长三角“三省一市”的公路密度均远高于全国平均水平，但内部仍存在较大差异。上海的公路密度远高于其他三省，2018 年达 2.07 公里 / 平方公里，江苏、安徽次之，公路密度分别为 1.50 公里 / 平方公里和 1.49 公里 / 平方公里，浙江的公路密度最低，其值为 1.15 公里 / 平方公里。对比各省市公路密度增速，发现安徽的提升速度最快，2012—2018 年年均增长 3.9%，高出长三角整体年均增速（1.8%）2.1 个百分点，表明安徽在融入长三角交通互联过程中做出了积极贡献。

另一方面，长三角地区的互联网快速普及推动了长三角信息互通一体化。一是长三角地区互联网普及率不断提升，且略高于全国平均水平，信息互通能力不断提高。2018 年，长三角地区互联网普及率为 57.96%。较上年提高 1.3 个百分点，高出全国水平 1.6 个百分点，较 2012 年高出 10.1 个百分点，年均增速为 3.1%。二是长三角各地区间互联网普及率差距在不断缩小。上海互联网普及率一直处于最高水平，2018 年为 74%；其次是浙江和江苏，其值分别为 65%、58%（见图 5-14）。

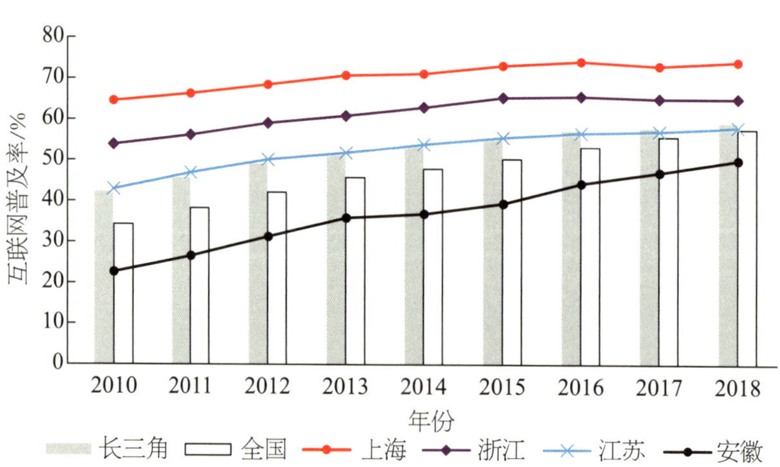

图 5-14　2010—2018 年互联网普及率趋势

近年来，各省市高度重视信息化建设，特别是安徽进一步加快地区宽带网络建设，使得互联网普及率得以逐年上升，地区间的信息化差异得以显著缩小。

5. 绿色共防

环境保护意识逐年加强，环境治理逐步改善。

一方面长三角蓝天保卫战稳步推进，联防联控初见成效。2010—2018 年长三角区域可吸入细颗粒物（PM2.5）年平均值呈现逐年下降的趋势，由 2010 年的 109.38 μg/m^3 下降至 2018 年的 40.57 μg/m^3，年均下降 12%（见图 5-15）。近年来，长三角地区逐步进入到工业化后期，高能耗的产业开始向外转移，下游地区雾霾污染排放量虽仍保持高位，但增长速度开始放缓，并呈现出下降的趋势。此外，长三角地区开展有效的环境治理，加大空气治理力度，积极落实大气污染联防联控措施，联合制订《2018 年度长三角地区跨界突发环境事件应急联动工作计划》，进一步完善区域环境监管联动和应急合作，完善区域环境合作机制建设，深入推进重污染行业产业结构调整，在各级政府实施精细管理和积极落实相关政策下，长三角空气质量改善显著。

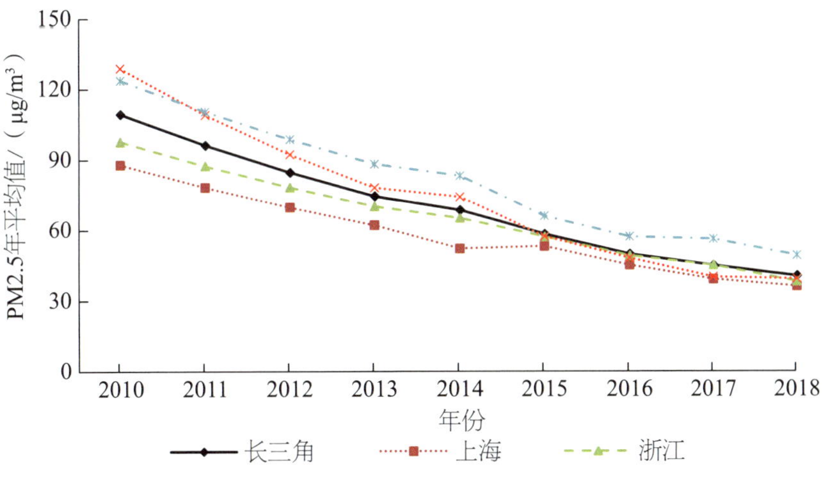

图 5-15　2010—2018 年长三角可吸入细颗粒物（PM2.5）年平均值变化趋势

另一方面，环境治理力度持续加强，污染防治取得重大进展。近年来，我国生态文明建设工作决心大、力度强，环境治理取得较大的进展。具体来看，如图 5-16 所示，2017 年长三角区域一般工业固体废物综合利用率为 90.69%，较

2010 年提升 1.31 个百分点，高出全国平均水平 36 个百分点，整体呈现逐年向上的趋势。这主要是由于长三角地区坚持以“减量化、资源化、无害化”为原则的环境治理初见成效，同时以加快转变经济增长方式为主线，以提高资源利用效率、减少污染排放为目标，培育出一大批工业固废综合利用企业集群，使得一般工业固体废物综合利用率不断提高。

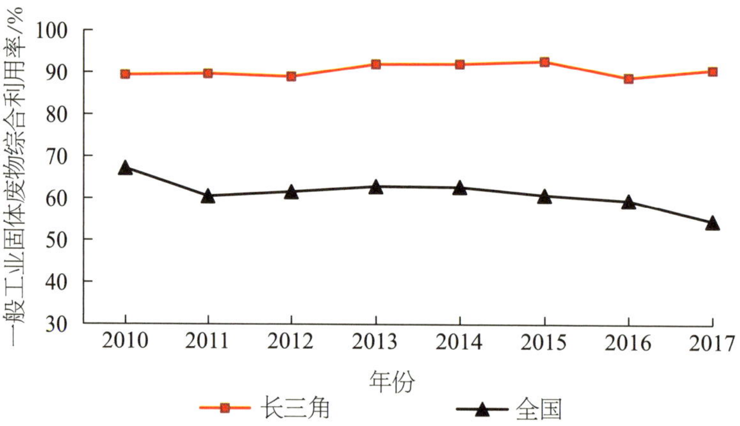

图 5-16　2010—2017 年长三角及全国一般工业固体废物综合利用率变化趋势

6. 民生共享

公共服务水平明显提升，初步实现民生共享。

从教育协同上看，长三角地区教育资源丰富，教育发展水平较高。2018 年，长三角地区高中及以下阶段生师比（以下简称生师比）为 14.48，较 2012 年降低 0.54，整体呈下降趋势，生师比差异度为 0.056。具体地，长期以来，上海的生师比一直处在最低位，其教师供给能力最强，而安徽的生师比最高，其师资供给能力较差。需要特别说明的是，2010—2018 年，上海、浙江和安徽的生师比呈下降趋势，而江苏的生师比自 2013 年以来出现逐年略微上升的趋势，这是由于江苏学生数大幅增长而教师数却增长较缓所致。

医疗健康水平较高，养老公共服务设施和服务水平不断提高。2010 年以来，长三角地区每千老年人口养老床位数总体呈上升趋势，从 2010 年的 23.11 张上升至 2014 年的 40.51 张，超出在 2020 年达到 40 张的目标，并在 2014 年后基本保持不变。2018 年，长三角地区的每千人口养老床位数为 40.59 张，高于全国 11.45 张。

从区域角度来看，2012 年以来，浙江、江苏和安徽的每千人口养老床位数总体呈上升趋势。其中，浙江从 2012 年的 33.14 张上升至 2018 年的 54.17 张，上升幅度最大，往下依次为江苏和安徽。而上海通过异地养老的方式，自 2012 年后养老床位数就已经开始不断下降，并于 2014 年开始低于其他三省。这说明，长三角地区强化长三角区域养老服务合作、共享养老资源是大势所趋，让区域内居民既可享受高性价比的养老服务，又可获得高质量的医疗资源。

7. 市场融合

市场一体化有序推进，市场融合彰显成效。长三角区域市场体系一体化的不断推进，将促进商品要素流动、市场信息互融互通，为居民和企业创造更便捷、更高效且成本更低的市场环境。从价格联动来看，2012 年以来长三角地区间消费市场和生产市场的价格耦合度总体处于较高水平，且呈现出震荡波动式收窄的趋势，相较于 PPI 耦合度，CPI 耦合度总体水平较高，且波动幅度更加平缓。具体地，PPI 耦合度在 0.65 ～ 0.96 区间段呈波动式变动，2018 年为 0.89，较上一年增加 0.04 个单位。与 PPI 耦合度不同的是，CPI 耦合度基本稳定在 0.85 ～ 0.97 区间，2018 年 CPI 耦合度为 0.93，较 2017 年提升 0.05 个单位（见图 5-17）。这反映出长三角地区价格联动一体化程度初步彰显，同时受产业结构不同的影响，生产市场联动程度的波动更为明显。

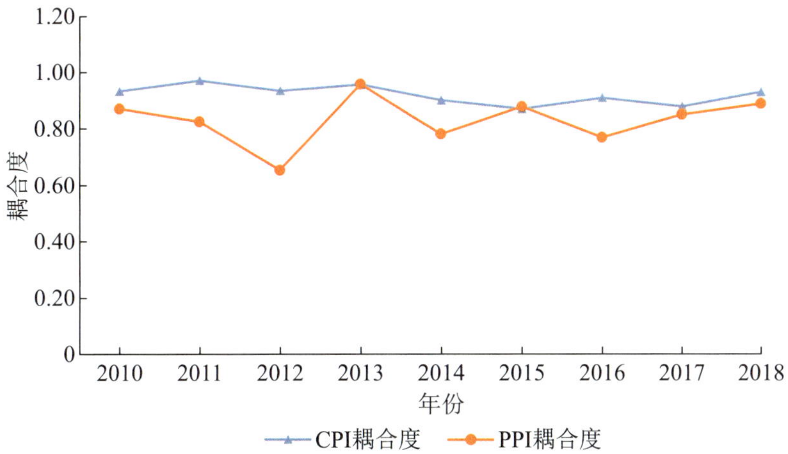

图 5-17　2010—2018 年长三角地区 CPI 和 PPI 耦合度趋势

从要素流动来看，2012—2018 年，长三角地区企业城际股权投资金额总额总体呈上升趋势，2018 年为 60 549 468.8 万元，较 2012 年年均增长 25.3%，较上年有所下降。具体从地区内部来看，2017—2018 年的大幅下降主要体现在长三角地区各省（直辖市）对浙江、安徽的投资大幅减少。比较明显的是江苏对浙江以及上海对安徽的投资，下降幅度均在 50% 以上。此外，从各省吸纳投资的情况来看，2010 年以来安徽吸纳的投资金额均比江苏、浙江要少。因此，总体而言 2010—2018 年长三角地区资本要素自由流动加快，但还可以进一步加强，尤其是安徽的市场开放性相较苏、浙、沪还有较大发展空间。

8. 体制机制

长三角地区要素市场总体向好，呈现出不断震荡波动的趋势。从资本市场和土地市场上看，2018 年长三角固定资产投资品相对价格协调度为 0.0013，城乡人口与建设用地协调度为 0.37（见图 5-18），但从变动趋势上看，固定资产投资品相对价格协调度及城乡人口与建设用地协调度波动幅度较大，表明长三角地区资本市场和土地市场一体化发展还不够稳定，正处在不断调整的过程之中。

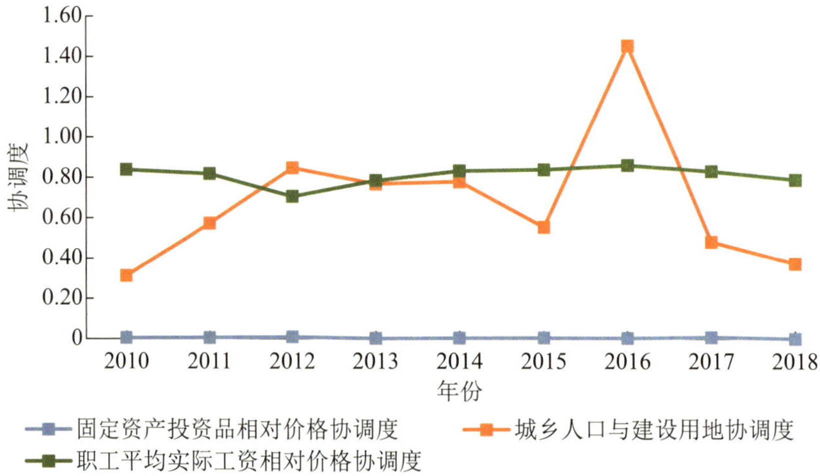

图 5-18　长三角地区资本市场和土地市场发展情况

从劳动力市场上看，一方面，2010—2018 年，长三角城镇单位就业人员年平均工资呈现逐年上升的趋势，2018 年为 88 855 元，较上年增长 10.0%，高于全国平均水平；另一方面，职工平均实际工资相对价格协调度为 0.79，从时间来看，2010—2018 年间，长三角区域内劳动要素市场协调度一直稳定在 0.8 上下，具体从各省市来看，2018 年上海城镇单位就业人员年平均工资为 140 400 元，分别高出浙江、江苏、安徽 51 517 元、55 712 元、66 022 元。可见，长三角区域内部的劳动力市场差异较大，需高度关注上海“虹吸效应”的出现，而安徽深度融入长三角地区的力度还有待提高。

（三）长三角高质量一体化发展存在的问题与建议

一是长三角地区环境污染仍不容小觑，应坚持绿色共防助力高质量发展。

优美的生态环境是人民美好生活的重要保障和迫切需求。近年来，在新发展观的引领下，长三角地区生态环境的关注度和保护意识逐渐提高，生态环境质量持续改善。但事实上，其仍未从根本上摆脱高能耗、高排放、高污染的现状，生态环境不平衡、不协调、不可持续的问题仍然突出，绿色发展是中国发展的必然选择和突破发展瓶颈的重要路径，也是满足人民对美好生活需要的必然要求，坚持绿色共防是实现长三角高质量一体化发展的“重头戏”。

对比来看，2018 年长三角地区 PM2.5 浓度略高于全国平均水平，为 40.57 μg/m^3，按照国际标准，PM2.5 日平均值小于 35 μg/m^3 时空气质量处于安全范围，由此可知，长三角地区空气质量仍处于非安全区，改善空气质量仍任重道远。具体来看，如图 5-19 所示，苏、浙、沪、皖 PM2.5 年平均值均高于 35 μg/m^3 的安全标准线，特别是安徽 PM2.5 浓度位居长三角地区榜首，为 49 μg/m^3，高于长三角平均水平。

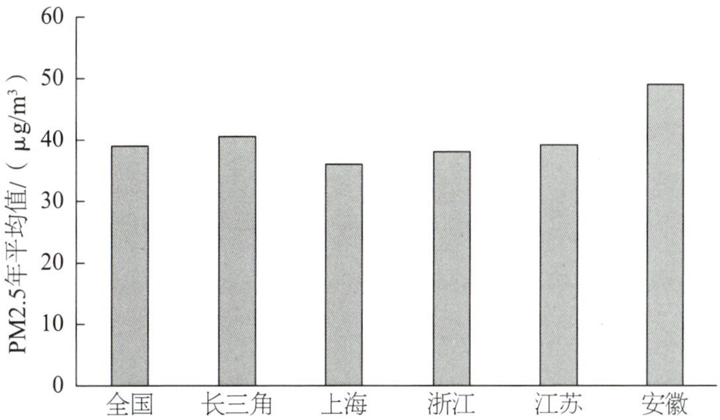

图 5-19　2018 年全国及长三角可吸入细颗粒物（PM2.5）年平均值对比

综合来看，由于长三角地区是我国汽车、钢铁、电子等产业的聚集地，具有良好的先天地理优势及开放条件，工业、金融、电商、物流、旅游等产业发展规模得以扩大，经济发展明显高于全国水平。而正是由于长三角地区与生俱来的优势，形成了高污染、高能耗、高投入的经济产业格局，这些产业在带动长三角地区经济快速上升的同时，使得能源消耗过快，导致了雾霾污染浓度较难降至安全范围。

通过上述分析可知：①长三角地区环境污染治理要求我们进一步加强"联防联控"意识，加强长三角各省市政府部门间的合作意识，尝试突破行政区域界限，划分环境污染重点治理城市群，成立城市群环境治理联络小组，促进省市级城市合作，拟订环境污染治理城市群合作责任书，将环境治理合作纳入省市行政绩效考核中。②应加强协调制定各地区发展规划与发展战略，构建城市经济发展与环境污染数据动态关联监测体系，建立城市群经济活动与环境污染联动预警装置。③要充分发挥政府在联防共保中的作用。环境污染的负外部性特征明显表明政府的干预至关重要。政府在环境治理过程中应不断完善区域环境污染治理体系机制，制定完善《环境保护法》，重点构建城市群生态补偿机制。

二是创新研发的国际竞争力有待提升，科创和产业融合不够深入。

长期以来，长三角地区科技资源丰富、技术人才集中，是我国创新最活跃的地区之一，并且在创新链和产业链上有着大量的交集与关联，合作空间极其广阔。如图 5-20 所示，长三角地区在 2010—2018 年 R&D 经费支出与 GDP 之比逐年增

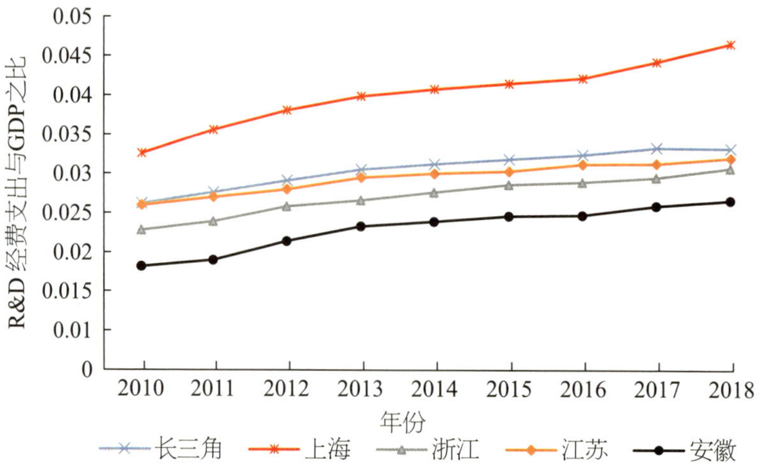

图 5-20　2010—2018 年长三角地区 R&D 经费支出与 GDP 之比

长，说明长三角地区越来越重视科技创新，加大了对创新的投入。其中，苏、浙、皖三省表现为稳定增长，而上海市 R&D 经费支出在 GDP 中的占比的增长速度相较于其他三省来说是较快的，体现了上海市在科技创新方面的重视程度；也说明了上海市在科技创新方面的龙头带动作用非常显著，其他三省也后劲十足。

从国际上看，长三角地区的创新能力与水平还不够高，远落后于纽约、伦敦、东京等国际大都市群。尤其是在“十三五”前半期，国际上一些研究机构对上海创新发展的综合评价呈现下降趋势。如澳大利亚智库“2thinknow”的《全球创新城市指数》报告显示，2018 年在对全球近 500 个城市的创新能力评比中上海位列第 35 位，相比 2017 年的第 32 名有所下滑。2018 年全球城市实力指数 GPCI 报告显示（见表 5-4），上海的研发指数为 95.9，在全球 44 个主要城市中位列第 16 位，略高于悉尼，但明显低于纽约、东京、伦敦等城市。

表 5-4　2016—2018 年全球城市实力指数中研发指数排名情况

城市 \ 年份	2018	2017	2016
纽约	227.1	183.7	215.8
东京	189.1	162.9	162.9
伦敦	188.3	165.1	162.4
首尔	155.9	126.5	122.7
新加坡	137.8	125.4	112.7
巴黎	135.1	104.4	111.9
香港	118.4	96.4	87.6
华盛顿	112.1	75.5	78.5
北京	111.2	77.9	56.9
上海	95.9	61.7	64.2
悉尼	95.4	73.2	75

资料来源：*Global Power City Index*（2016—2018）。

另一方面，长三角区域的发明专利累计授权量显著提升，规模以上企业新产品产值持续稳定增长，但增长势头明显低于前者（见图 5-21）。从每单位发明专利对应的新产品产值来看，存在明显的下降趋势，每单位发明专利的新产品价值产出由 2010 年的 0.18 下降至 2018 年的 0.04，下降趋势十分明显。

这表明长三角地区的科创与产业的融合还没有得到很好的发展，还有待强化和提高。

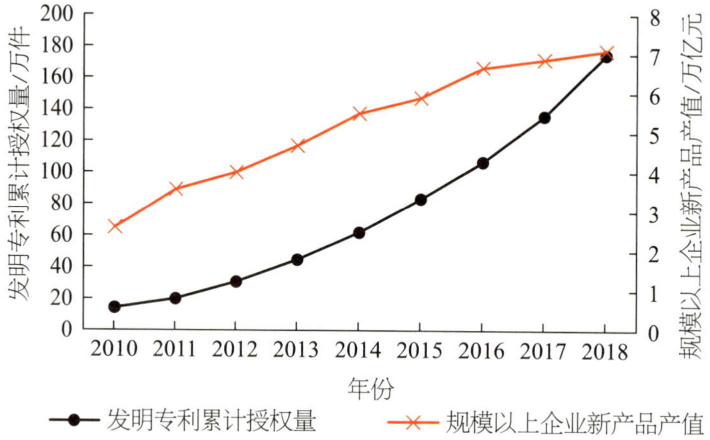

图 5-21　长三角地区创新成果趋势

总之，长三角区域的科研实力与国际最高水平还存在不小的差距，对全球科研创新资源的聚集能力有限，创新发展任务仍然艰巨。当前长三角区域应充分利用既有的全国领先的科研基础和资源，积极提升研发水平，增强国际竞争力。一是进一步完善并推广“长三角科技资源共享服务平台”，集聚长三角地区各类优质科技资源，促进跨区域科技资源的共享共用，降低长三角地区整体科技创新成本，激发企业创新活力。二是建立长三角高校科创联盟，支持高校、科研院所与产业链上下游企业之间加强合作，通过构建创新实验室、校企联合技术成果转化平台等方式，促进形成人才、技术、资本多要素联动，加快科技成果就地转化与应用。三是促进科技创新与产业发展深度融合，深化科技体制改革，以市场化手段推进科技创新发展，突破制度性和政策性障碍，积极构建有利于科技、资本、产业有效对接的科学机制，建立科技创新与产业深度融合的技术攻关和保障服务体系。

三是市场统一开放建设任重道远，各地区生产市场融合度明显不足。

长三角区域市场体系一体化的不断推进，将促进商品要素流动、市场信息互融互通，为居民和企业创造更便捷、更高效且成本更低的市场环境。从价格联动来看，2012 年以来长三角地区间消费市场和生产市场的价格耦合度总体不高，且呈现出震荡波动式收窄的趋势，PPI耦合度相较于CPI耦合度要高且波动幅度较大，说明长三角地区间消费价格和生产价格的联动程度并没有明显的发展趋势，但市场一体化对长三角地区间价格联动的约束作用趋于增强。同时，PPI耦合度指数高于CPI耦合度指数，说明生产市场的联动程度低于消费市场，生产市场一体化发展还不够稳定。具体从生产者价格指数上看，“三省一市”的PPI在2012—2018年期间呈现较大的差异性，随后，各地PPI变动的一致性明显有所提高。由于市场开放程度不同，上海市和安徽省的PPI始终游离在平均指数的外围。由于地理区位因素的原因，上海市的市场开放程度较高，其PPI相对耐抗，波动性较低，而安徽省则由于市场化程度相对较低，其生产市场相对比较脆弱，价格波动性明显偏高，相对长三角其他地区，安徽省融入长三角共同市场的程度还有待提高。

在此情况下，要推动长三角区域市场一体化建设，需要打破要素自由流动的行政壁垒。一是继续鼓励长三角地区政府间加强合作，打破地方经济中的保护主义，建立更加良好的跨城市营商环境，实现合作发展、互利互惠；二是加强苏、浙、沪、皖市场承接力度，积极推动安徽的市场融入，充分利用安徽自身具备的优势及优惠政策吸引苏、浙、沪企业在安徽建立分公司以及投资，以促进地区间要素流动。同时，苏、浙、沪也可以加大长三角一体化的宣传力度，鼓励要素过于密集的产业向安徽扩散。相较而言，长三角地区中安徽的市场化程度较低、经济较欠发达，但其拥有较为廉价的劳动力、丰富的矿产和农业资源等发展优势，可以与苏、浙、沪多市形成产业互补。

附　录

附录 A　指标标准化方法选择说明

本附录中介绍常用的几种标准化处理方法。

1. 极差标准化法

对于正向指标：

$$Y_i = \frac{X_i - X_{i,\min}}{X_{i,\max} - X_{i,\min}}$$

对于逆向指标：

$$Y_i = \frac{X_{i,\max} - X_i}{X_{i,\max} - X_{i,\min}}$$

式中，Y_i 为第 i 个指标标准化后的指数；X_i 为该指标的指标值；$X_{i,\max}$ 为该指标在其指标值中的最大值；$X_{i,\min}$ 为该指标在其指标值中的最小值。

极差标准化法的优点：该法认可度高，应用广泛；对指标值 X_i 无正数要求，无论指标值 X_i 是正数还是负数，经极差标准化后，标准化指数均满足 $0 \leqslant Y_i \leqslant 1$；同时正、逆向指标均化为正向指标，$Y_i$ 越大越好，最优值为 1，最劣值为 0。

极差标准化法的缺点：无法客观反映原始指标间的相互关系，如对于正向指标

（2，57，112）和（110，111，112）两组指标，经过极差变换后均为（0，0.5，1），由此可见极差标准化后的指标未能反映出指标值间的差异性。

2. 线性比例变换法

对于正向指标：

$$Y_i = \frac{X_i}{X_{i,\max}}$$

对于逆向指标：

$$Y_i = \frac{X_{i,\min}}{X_i}$$

其中 $X_i > 0$，且 $X_{i,\max} \neq 0$，$X_{i,\min} \neq 0$，Y_i 与 X_i 的定义同极差标准化法。

线性比例变换法的优点：经线性比例变换后，正、逆向指标均化为正向指标；同时考虑到了指标值之间的差异性。

线性比例变换法的缺点：要求原始指标值 $X_i \geqslant 0$，对 $X_i < 0$ 不适用。

3. 定基发展水平变换法

用时间序列中报告期发展水平与固定基期发展水平对比所得到的相对数，说明某种客观现象在较长时期内总的发展方向和速度。即报告期的水平是该固定基期的多少倍或百分之多少。

计算公式为

$$Y_i = \frac{X_i}{X_0}, \quad i = 1, 2, 3, \cdots, n$$

式中，X_0 为基期水平；X_i 为报告期水平。

定基发展水平变换法常用于计算发展速度，其优点在于：能够反映不同时期指标值之间的相互关系，反映了指标的跨期变化。

定基发展水平变换法的缺点：逆向指标经此法标准化后依然为逆向指标；Y_i 可为负值，对于后续形成综合指数可能会存在问题。

4. 标准样本变换法

对 $X_1, X_2, \cdots, X_n$ 序列作变换，计算公式为

$$Y_i = \frac{X_i - \bar{X}}{s}$$

其中样本均值 $\bar{X}$ 及样本标准差 s 的计算公式如下：

$$\bar{X} = \frac{1}{n}\sum_{i=1}^{n} X_i, \quad s = \sqrt{\frac{1}{n-1}\sum_{i=1}^{n}(X_i - \bar{X})}$$

经标准样本变换后，若 $X_i > \bar{X}$，则 $Y_i > 0$；若 $X_i < \bar{X}$，则 $Y_i < 0$。正逆向指标的方向未发生变化。

标准样本变换法的优点：适用范围广，对指标值的正负不作要求；能够反映指标值之间的差异性。

标准样本变换法的缺点：标准化后的 Y_i 可能存在负值，后续构造综合指数可能会存在问题。

以上 4 种标准化方法的定性比较见表 A-1。

表 A-1　不同标准化方法的定性比较

评判标准	极差标准化法（定基）	线性比例变换法	定基发展水平变换法	标准样本变换法
1. 是否受量纲影响？	否	否	否	否
2. 从横向上看能反映发展水平吗？	能	能	能	能
3. 从纵向上看能反映发展水平吗？	能	不能	能	不能
4. 能直观反映发展不充分程度或问题吗？	相对直观	不直观	只有单一基准较难反映	不直观
5. 不同指标具有可比性吗？	一般都是标准化后的指标，都具有可比性			

续表

评判标准	极差标准化法（定基）	线性比例变换法	定基发展水平变换法	标准样本变换法
6. 适用于逆向指标或适度指标吗？	正向化处理后可用	适用性不强	适用性不强	适用
7. 具有可加性吗？	标准化后的取值范围、含义相对明确，具有可加性			取值范围不定，含义不明，可加性较弱
8. 已有指数的使用情况如何？	使用广泛	较少使用	常用于测度发展速度、增长率等	较少使用
9. 标准化后会否出现负值的情况？	不会	不会	不会	会
10. 是否要求指标值均大于等于 0？	否	是	是	否

综合而言，极差标准化法在定性比较中具有一定优势，基本满足标准化所需的可比性和可加性，同时可兼顾发展水平的横向和纵向比较，特别是它能够在一定程度上反映发展不充分问题，因而更适用于平衡发展指数。

附录 B　三级指标标准化参数设定

表 B-1　三级指标极差标准化基准参数的设定结果

一级指标	二级指标	三级指标					
		序号	指标名称	指标方向	最小值	最大值	计量单位
1. 经济	经济效益	1	人均 GDP	正向	0	80 000	元
		2	能源产出率	正向	0	2.5	万元 / 吨标准煤
		3	资本产出率	正向	0	1	—
	经济结构	4	高技术企业主营业务收入与 GDP 之比	正向	0	30	—
		5	居民消费率	正向	0	60	%
		6	服务贸易占对外贸易比重	正向	0	30	%
	创新驱动	7	R&D 经费投入强度	正向	0	3	—
		8	万人发明专利拥有量	正向	0	20	件
	基础设施	9	互联网普及率	正向	20	85	%
		10	铁路密度	正向	50	200	千米 / 万平方千米
		11	城市交通承载力	正向	0	200	次 /（人·年）
	人力资本	12	劳动年龄人口占比	正向	40	80	%
		13	劳动年龄人口平均受教育年限	正向	0	15	年
2. 社会	社会文明	14	人均拥有公共图书馆藏量	正向	0	1	册
		15	人均文化事业费	正向	0	120	元
	社会公平	16	居民人均收入基尼系数	逆向	0	1	—
		17	劳动就业中的性别差异	逆向	0	1	—
	社会安全	18	亿元 GDP 生产安全事故死亡人数	逆向	0	0.5	人
		19	刑事犯罪率	逆向	0	2400	件 / 十万人
	社会治理	20	每十万人社会组织数量	正向	0	112	个
		21	每十万人拥有律师数	正向	0	130	人
	社会保障	22	养老金替代率	正向	0	0.7	—
		23	养老保险覆盖率	正向	0	100	%
		24	医疗自付比	逆向	0	60	%
		25	贫困发生率	逆向	0	20	%

续表

<table>
<tr><th rowspan="2">一级指标</th><th rowspan="2">二级指标</th><th colspan="6">三级指标</th></tr>
<tr><th>序号</th><th>指 标 名 称</th><th>指标方向</th><th>最小值</th><th>最大值</th><th>计量单位</th></tr>
<tr><td rowspan="10">3. 生态</td><td rowspan="2">空气质量</td><td>26</td><td>空气质量指数优良率</td><td>正向</td><td>0</td><td>100</td><td>%</td></tr>
<tr><td>27</td><td>细颗粒物浓度（PM2.5）未达标率</td><td>逆向</td><td>0</td><td>60</td><td>%</td></tr>
<tr><td rowspan="2">水质量</td><td>28</td><td>地表水劣于 V 类水体比例</td><td>逆向</td><td>0</td><td>40</td><td>%</td></tr>
<tr><td>29</td><td>河流水质状况Ⅲ类以上占比</td><td>正向</td><td>0</td><td>100</td><td>%</td></tr>
<tr><td rowspan="2">土壤质量</td><td>30</td><td>单位耕地面积化肥施用量</td><td>逆向</td><td>0</td><td>2</td><td>吨 / 公顷</td></tr>
<tr><td>31</td><td>单位耕地面积农药使用量</td><td>逆向</td><td>0</td><td>45</td><td>千克 / 公顷</td></tr>
<tr><td rowspan="2">环境治理</td><td>32</td><td>城市生活垃圾无害化处理率</td><td>正向</td><td>0</td><td>100</td><td>%</td></tr>
<tr><td>33</td><td>城市日均污水处理能力</td><td>正向</td><td>0</td><td>0.6</td><td>立方米 /（日 • 人）</td></tr>
<tr><td rowspan="2">生态保护</td><td>34</td><td>水土流失综合治理面积（新增）</td><td>正向</td><td>0</td><td>32</td><td>万平方千米</td></tr>
<tr><td>35</td><td>造林面积</td><td>正向</td><td>0</td><td>10^7</td><td>公顷</td></tr>
<tr><td rowspan="13">4. 民生</td><td rowspan="2">收入</td><td>36</td><td>居民人均可支配收入</td><td>正向</td><td>0</td><td>60 000</td><td>元 / 人</td></tr>
<tr><td>37</td><td>居民人均消费支出</td><td>正向</td><td>0</td><td>40 000</td><td>元 / 人</td></tr>
<tr><td>就业</td><td>38</td><td>求人倍率</td><td>正向</td><td>0</td><td>1</td><td>—</td></tr>
<tr><td rowspan="3">居住</td><td>39</td><td>城镇人均住房建筑面积</td><td>正向</td><td>10</td><td>60</td><td>平方米 / 人</td></tr>
<tr><td>40</td><td>房价收入比</td><td>逆向</td><td>4</td><td>16</td><td>—</td></tr>
<tr><td>41</td><td>农村居住便利设施普及率</td><td>正向</td><td>0</td><td>100</td><td>%</td></tr>
<tr><td rowspan="3">教育</td><td>42</td><td>高中毛入学率</td><td>正向</td><td>0</td><td>100</td><td>%</td></tr>
<tr><td>43</td><td>高中及以下阶段生师比</td><td>逆向</td><td>7</td><td>20</td><td>—</td></tr>
<tr><td>44</td><td>高中及以下阶段生均公共财政预算公用经费支出</td><td>正向</td><td>0</td><td>6000</td><td>元</td></tr>
<tr><td rowspan="4">医疗健康</td><td>45</td><td>婴儿死亡率</td><td>逆向</td><td>5</td><td>50</td><td>‰</td></tr>
<tr><td>46</td><td>每千人口卫生技术人员数</td><td>正向</td><td>0</td><td>10</td><td>人</td></tr>
<tr><td>47</td><td>出生时预期寿命</td><td>正向</td><td>20</td><td>85</td><td>岁</td></tr>
<tr><td>48</td><td>每千老年人口养老床位数</td><td>正向</td><td>0</td><td>40</td><td>个</td></tr>
</table>

注：由于数据可得性原因，城镇调查失业率暂未纳入 2011—2018 年平衡发展指数的计算。

附录 C　地区不平衡测度的权重信息

表 C-1　各指标计算地区不平衡所采用的权重数据

序号	三级指标	权重信息
1	人均 GDP	常住人口
2	能源产出率	能源消耗量
3	资本产出率	资本存量
4	高技术企业主营业务收入与 GDP 之比	地区生产总值
7	R&D 经费投入强度	地区生产总值
8	万人发明专利拥有量	常住人口
9	互联网普及率	常住人口
10	铁路密度	常住人口
11	城市交通承载力	城镇人口
12	劳动年龄人口占比	常住人口
13	劳动年龄人口平均受教育年限	常住人口
14	人均拥有公共图书馆藏量	常住人口
15	人均文化事业费	常住人口
18	亿元 GDP 生产安全事故死亡人数	常住人口
20	每十万人社会组织数量	常住人口
21	每十万人拥有律师数	常住人口
22	养老金替代率	养老保险实际领取待遇人数
23	养老保险覆盖率	15 岁以上人口
24	医疗自付比	常住人口
26	空气质量指数优良率	常住人口
27	细颗粒物浓度（PM2.5）未达标率	常住人口
28	地表水劣于 V 类水体比例	常住人口
30	单位耕地面积化肥施用量	耕地面积
31	单位耕地面积农药使用量	耕地面积
32	城市生活垃圾无害化处理率	常住人口
33	城市日均污水处理能力	常住人口
36	居民人均可支配收入	常住人口
37	居民人均消费支出	常住人口
39	城镇人均住房建筑面积	城镇人口
40	房价收入比	城镇人口
41	农村居住便利设施普及率	农村人口
43	高中及以下阶段生师比	小学、初中、高中学生总数
44	高中及以下阶段生均公共财政预算公用经费支出	小学、初中、高中学生总数
46	每千人口卫生技术人员数	常住人口
48	每千老年人口养老床位数	常住人口

附录 D 不同权重方案下的平衡发展指数结果比较

1. 一级指数计算结果

表 D-1 2011—2018 年平衡发展指数一级综合指数计算结果

年 份	经 济	社 会	生 态	民 生
2011	41.56	46.32	44.15	43.61
2012	42.98	47.50	46.86	46.41
2013	44.45	49.21	48.11	48.55
2014	46.01	50.85	52.16	49.85
2015	47.53	52.65	53.42	50.91
2016	41.56	46.32	44.15	43.61
2017	48.15	54.54	55.08	51.72
2018	48.84	56.50	55.45	52.38

2. 不同的权重方案

考虑以下五种情况的权重设置方案：

（1）一级指标等权重；

（2）三级指标等权重，即一级指标的权重与指标个数成正比；

（3）偏重经济发展；

（4）偏重民生福祉；

（5）经济发展和民生福祉相对重要。

表 D-2 不同方案下的权重结构

方 案	经 济	社 会	生 态	民 生
1	0.25	0.25	0.25	0.25
2	0.28	0.17	0.15	0.39
3	0.4	0.2	0.2	0.2
4	0.2	0.2	0.2	0.4
5	0.3	0.2	0.2	0.3

3. 不同权重方案下平衡发展指数的趋势

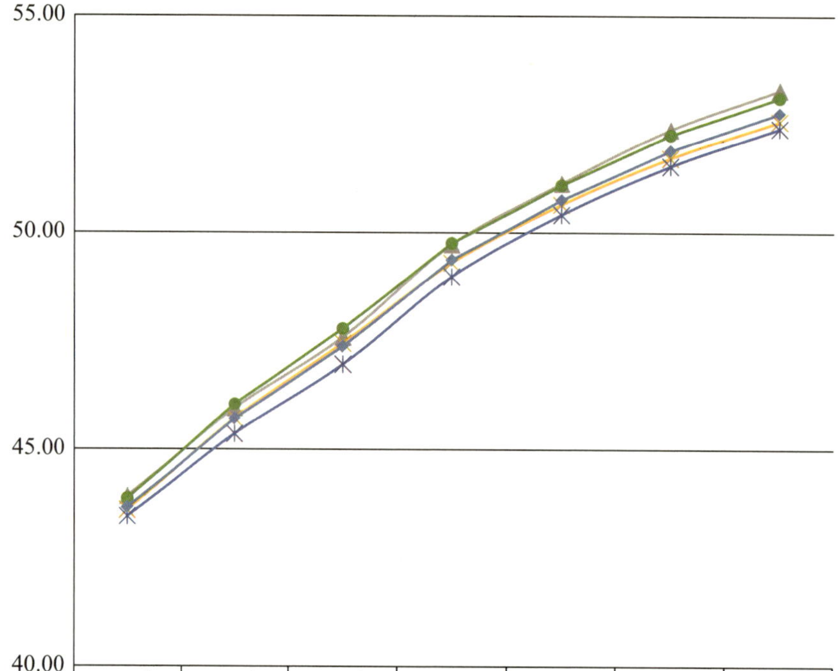

	2012年	2013年	2014年	2015年	2016年	2017年	2018年
bdi_1	43.91	45.94	47.58	49.72	51.12	52.37	53.29
bdi_2	43.59	45.70	47.44	49.29	50.64	51.71	52.56
bdi_3	43.44	45.35	46.96	48.98	50.40	51.53	52.40
bdi_4	43.85	46.03	47.77	49.74	51.08	52.24	53.11
bdi_5	43.65	45.69	47.36	49.36	50.74	51.88	52.76

图 D-1　不同权重方案下平衡发展指数的发展趋势

附录 E　统计指标解释与数据来源

1. 经济类平衡发展指数指标说明

（1）人均 GDP：是指一定时期内 GDP 与平均常住人口之比，用于反映经济的发展状况。为了衡量实际水平，这里以 2008 年为基期计算可比价 GDP。数据来源：《中国统计年鉴》。

（2）能源产出率：是指每吨标准煤所能获得的产出量，即国内生产总值（以 2008 年为基期的可比价 GDP）与能源消费总量之比，用于反映能源的产出程度。数据来源：《中国统计年鉴》《地区统计年鉴》。

（3）资本产出率：是指单位资本投入量所能获得的产出量，即国内生产总值（以 1978 年为基期的可比价 GDP）与资本存量（以 1978 年为基期）之比，用于反映资本的产出程度。数据来源：《中国统计年鉴》；资本存量数据根据白重恩和张琼（2014）《中国的资本回报率及其影响因素分析》一文的方法测算，数据由作者提供。

（4）高技术企业主营业务收入与 GDP 之比：是指高技术企业主营业务收入与 GDP 的比值。数据来源：《中国高技术产业统计年鉴》《中国统计年鉴》。

（5）居民消费率：是指居民最终消费支出的总额占当年 GDP 的比例，用于衡量一国经济结构的发展。数据来源：《中国统计年鉴》。

（6）服务贸易占对外贸易比重：是指服务贸易进出口总额除以货物贸易和服务贸易进出口总额之和。数据来源：国家外汇管理局。

（7）R&D 经费投入强度：是指 R&D 内部经费支出与国内生产总值之比。数据来源：《中国科技统计年鉴》《中国统计年鉴》。

（8）万人发明专利拥有量：是指每一万年末常住总人口拥有经国内外知识产权行政部门授权且在有效期内的发明专利件数，是国际通行的反映拥有自主知识产权技术的核心指标。数据来源：国家知识产权局。

（9）互联网普及率：是指接入互联网人口数与人口总数的比值，用于反映基础设施的发展程度。数据来源：《中国互联网络发展状况统计报告》。

（10）铁路密度：是指铁路里程与土地面积的比值，是反映交通基础设施发展及区域差异最为常用的指标之一。数据来源：《中国国土资源统计年鉴》、中国经济与社会发展统计数据库。

（11）城市交通承载力：是指当地城市公共交通客运总量与城镇常住人口的比值。其中，城市交通客运量主要包括公交和城市轨道交通。此指标用于反映各省城市公共交通服务的能力与水平。数据来源：CEIC 数据库。

（12）劳动年龄人口占比：是指 15 ～ 64 岁人口数占年末总人口数的比重，用于反映人口年龄结构，衡量我国人力资本存量情况。数据来源：《国家统计局人口抽样调查数据资料》。

（13）劳动年龄人口平均受教育年限：是指一个国家劳动年龄人口平均接受学历教育的年数，包括普通教育和成人学历教育，但不包括非学历培训，可从质量上反映我国人力资本的积累。数据来源：《国家统计局人口普查数据》；白重恩和张琼（2015）《中国生产率估计及其波动分解》，数据由作者提供。

2. 社会类平衡发展指数指标说明

（1）人均拥有公共图书馆藏量：是指居民人均拥有的公共图书馆图书数量。数据来源：《中国统计年鉴》。

（2）人均文化事业费：是指国家用于发展社会文化事业的财政经费的人均支出。数据来源：《中国文化文物统计年鉴》。

（3）居民人均收入基尼系数：是指全部居民收入中，用于进行不平均分配的那部分收入所占的比例。该指标根据洛伦兹曲线的定义计算得出，是国际上通用的衡量国家或地区居民收入差距的指标。数据来源：《中国住户调查统计年鉴》。

（4）劳动就业中的性别差异：是指在分登记注册类型城镇单位就业人员年末

数据中，劳动就业人员中男性占比与女性占比的差值，反映劳动就业中的性别公平程度。数据来源：《中国劳动统计年鉴》。

（5）亿元 GDP 生产安全事故死亡人数：是指每生产出 1 亿元国民生产总值过程中，因安全事故导致死亡的人数，反映社会安全生产建设水平。数据来源：各省份国民经济和社会发展统计公报。

（6）刑事犯罪率：是指每十万人中，当年公安机关立案的刑事案件数，反映社会治安情况。数据来源：《中国统计年鉴》。

（7）每十万人社会组织数量：是指按照常住人口计算的平均每十万人社会组织数，反映社会的治理水平。数据来源：《中国民政统计年鉴》。

（8）每十万人拥有律师数：是指按照常住人口计算的平均每十万人拥有的律师数，表征我国社会法制的发展水平。数据来源：《中国社会统计年鉴》。

（9）养老金替代率：是指当年全部退休人员人均养老金与工资的比例，其中，工资采用人均可支配收入替代，用于衡量劳动者退休前后的生活水平总体差异。数据来源：《中国统计年鉴》。

（10）养老保险覆盖率：是指全国参加基本养老保险人数占养老保险应参保人数的比例，全国参加基本养老保险人数等于参加城镇职工基本养老保险人数与城乡居民基本养老保险参保人数之和，以 15 岁及以上人口数衡量养老保险应参保人数。此指标用于衡量养老保险制度的覆盖状况。数据来源：《中国统计年鉴》。

（11）医疗自付比：是指卫生总费用中个人现金卫生支出部分的占比。其中，卫生总费用指一个国家或者地区在一定时间内，为开展卫生服务活动从全社会筹集的卫生资源的货币总额，按来源法核算；个人现金卫生支出是指城乡居民在接受各类医疗卫生服务时由个人承担支付的费用部分。数据来源：《中国卫生健康统计年鉴》。

（12）贫困发生率：是指生活在贫困标准以下的人口占全部人口的比重，其中现行的农村贫困标准为每人每年 2300 元（2010 年不变价）。用于反映各地区的脱贫攻坚进展。数据来源：《中国统计年鉴》。

3. 生态类平衡发展指数指标说明

（1）空气质量指数优良率：是指一年 365 天中空气质量达到良（二级）以上即空气质量指数值低于 100 的天数占比，用于衡量空气质量状况。数据来源：国家统计局提供。

（2）细颗粒物浓度（PM2.5）未达标率：是指一年 356 天中 PM2.5 浓度高于 75μg/m³ 的天数占比，其中，75μg/m³ 为环保部设定的 PM2.5 日浓度二级限值。用于衡量空气质量状况。数据来源：根据全国城市空气质量实时发布数据计算。

（3）地表水劣于 V 类水体比例：是指根据我国地表水环境质量的分类标准（GB 3838—2002），劣于 V 类水质断面占全部水质断面的比例。用于反映地表水质量状况。数据来源：《中国环境统计年鉴》。

（4）河流水质状况Ⅲ类以上占比：是指河流水质为Ⅰ类、Ⅱ类和Ⅲ类河长占评价总河长的比例，用于反映河流水质状况。数据来源：《中国环境统计年鉴》。

（5）单位耕地面积化肥施用量：是指报告期内每单位可种植农作物、经常耕锄的耕地面积中，氮肥、磷肥、钾肥和复合肥等各种化肥的平均施用量，等于化肥施用总量除以总耕地面积，用于衡量土壤质量状况。数据来源：《中国环境统计年鉴》《中国统计年鉴》。

（6）单位耕地面积农药使用量：是指报告期内每单位可种植农作物、经常耕锄的耕地面积农药的使用量，等于农药使用总量除以总耕地面积，用于衡量土壤质量状况。数据来源：《中国环境统计年鉴》《中国统计年鉴》。

（7）城市生活垃圾无害化处理率：是指报告期内生活垃圾无害化处理量与生活垃圾产生量的比率，用于衡量环境治理力度，反映城市环境治理情况。在统计上，由于生活垃圾产生量不易取得，一般用清运量代替。数据来源：《中国统计年鉴》。

（8）城市日均污水处理能力：是指报告期内污水处理厂（或污水处理装置）

每昼夜处理污水量的设计能力，再按城市人口数计算的人均水平，用于反映城市的环境治理情况。数据来源：《中国环境统计年鉴》。

（9）水土流失综合治理面积（新增）：是指报告期内因水土流失使得土壤耕作层被侵蚀、破坏而使土地肥力日趋衰竭的土地的新增面积，用于反映生态保护力度。数据来源：《中国环境统计年鉴》。

（10）造林面积：是指报告期内在可造林的土地上采用人工播种、植苗等方法种植成片乔木林和灌木林，且成活率达到85%及以上的造林面积，用于反映生态保护水平。数据来源：《中国环境统计年鉴》。

4. 民生类平衡发展指数指标说明

（1）居民人均可支配收入：是指居民可用于最终消费支出和储蓄的总和，按照居民家庭人口平均的收入水平，用于衡量居民购买力和生活水平。数据来源：《中国统计年鉴》。

（2）居民人均消费支出：是指家庭人均用于满足日常生活消费需要的全部支出，包括食品烟酒、衣着、居住、生活用品及服务、交通通信、教育文化娱乐、医疗保健以及其他用品及服务八大类，用于反映居民的人均消费水平。数据来源：《中国统计年鉴》。

（3）城镇调查失业率：是指城镇调查失业人数占城镇调查从业人数与城镇调查失业人数之和的比，反映劳动力市场资源配置状况。数据来源：《国家统计局统计月报》。

（4）求人倍率：一般是指职位的需求人数与相应的求职人数之间的比率，原则上是一适度指标。为适应平衡发展指数的计算方法，取该指标及其倒数二者中的较小值作为最终数据，使之为（0，1）区间上的正向指标，反映劳动力市场供需匹配程度，即数值越大劳动力市场的供需匹配程度越好。本研究所用数据为技师、高级技师、高级技能师和高级工程师四类高技术人才求人倍率的几何平均值，数据来自人力资源和社会保障部。

（5）城镇人均住房建筑面积：是指按城镇居住人口计算的平均每人拥有的住宅建筑面积，等于家庭平均住房建筑面积 / 家庭平均人口数，用于反映城镇人口基本居住的发展水平。数据来源：《国家统计局住户调查数据资料》。

（6）房价收入比：是指住房总价与居民家庭年收入之比，用于反映当前我国城镇居民解决购房需求的负担系数。其中，住房总价 = 新建商品住宅成交均价 × 城镇人均住房建筑面积 × 城镇家庭户均人口；家庭年收入 = 城镇居民人均可支配收入 × 城镇家庭户均人口。数据来源：《中国统计年鉴》《国家统计局住户调查资料》。

（7）农村居住便利设施普及率：是指农村地区住宅具备天然气、自来水和卫生厕所三类居住便利设施的家庭人口平均占比，用于反映农村居民居住发展情况。由于不存在直接统计口径数据，本指标采用农村用水普及率、农村燃气普及率和农村卫生厕所普及率的几何平均值计算。数据来源：《中国农村统计年鉴》。

（8）高中毛入学率：是指高中阶段在校生总数与 15 ～ 17 岁年龄组人口数之比，用于反映高中阶段教育总体入学水平。数据来源：《中国教育统计年鉴》。

（9）高中及以下阶段生师比：是指每位高中及以下专任教师平均所教的学生数，用于反映高中及以下教师数量充足程度。数据来源：《中国教育统计年鉴》。

（10）高中及以下阶段生均公共财政预算公用经费支出：是指高中及以下的教育公共财政预算公用经费支出与其在校生总数之比，用于反映以高中及以下学生人数平均的公用经费的充足程度。数据来源：《中国教育经费统计年鉴》。

（11）婴儿死亡率：是指一年内一岁以下婴儿死亡人数相对该年每千名活产婴儿的比率，用于反映一个国家或地区的妇幼保健工作水平。数据来源：《中国卫生健康统计年鉴》。

（12）每千人口卫生技术人员数：是指一个国家或地区每千名年末常住人口中拥有的卫生技术人员数，用于反映一个国家或地区的医疗卫生资源水平。数据来源：《中国卫生健康统计年鉴》。

（13）出生时预期寿命：是指新生儿在一定的各年龄组死亡率水平下，平均可能继续生存的年数，用于反映一个国家或地区的卫生服务和健康水平。数据来源：《中国卫生健康统计年鉴》。

（14）每千老年人口养老床位数：是指每千名老年人口可获得的提供住宿的社会服务养老床位数，用于衡量一个国家或地区的养老服务保障水平。数据来源：《中国统计年鉴》。

附录 F　平衡发展指数的计算方法

平衡发展指数是对我国整体发展水平和发展不平衡不充分程度的一种综合量度。对于地区或城乡不平衡问题的反映指标，还要根据相应地区或城乡数据计算其不平衡程度，作为调整系数对标准化水平进行调整。因此，在平衡发展指数的计算过程中将涉及发展指数、平衡发展指数以及因不平衡调整而产生的发展损失等概念。具体计算公式和流程说明如下：

1. 发展指数

如前所述，我们采用极差标准化方法对全国层面指标数据进行标准化处理，基于标准化的结果来衡量发展水平或发展不充分的程度。

记 x_{ijk} 为特定年度三级指标的全国水平，其中，i、j、k 分别表示其对应的一、二、三级指标序号，并记 X_{ijk}^{dvpt} 为其标准值，即发展指数。

对于正向指标，采用如下标准化公式：

$$X_{ijk}^{\text{dvpt}}=\frac{x_{ijk}-x_{ijk}^{\min}}{x_{ijk}^{\max}-x_{ijk}^{\min}}\times 100 \tag{F-1}$$

式中，$x_{ijk}^{\max}$ 和 $x_{ijk}^{\min}$ 分别为发展充分状态下的理想值和发展极不充分状态下的不允许值。

对于逆向指标，采用如下标准化公式：

$$X_{ijk}^{\text{dvpt}}=\frac{x_{ijk}^{\max}-x_{ijk}}{x_{ijk}^{\max}-x_{ijk}^{\min}}\times 100 \tag{F-2}$$

式中，$x_{ijk}^{\max}$ 和 $x_{ijk}^{\min}$ 分别为发展极不充分状态下的不允许值和发展充分状态下的理想值。

在所有三级指标的标准化结果中，发展指数越大、越接近于 1，说明发展程度越高、发展越充分；发展指数越小、越接近于 0，说明发展程度越低、发展越不充分。当然，标准化是以参照值为前提的，故发展指数所体现的发展程度或充分性是相对于参照值而言的。

2. 平衡发展指数

（1）地区和城乡不平衡程度的计算。

记 ine^{IR} 为地区不平衡程度，则有

$$\text{ine}^{\text{IR}} = \text{gini}(x_{ijk}^1, \cdots, x_{ijk}^d, \cdots, x_{ijk}^D; w_1, \cdots, w_d, \cdots, w_D) \quad \text{（F-3）}$$

式中，d 表示地区；D 为地区总数；x_{ijk}^d 表示地区 d 的真实水平；w_d 表示地区 d 的权重[①]；gini() 为基尼系数的计算函数。

类似地，记 $\text{ine}^{\text{U-R}}$ 为城乡不平衡程度，则有

$$\text{ine}^{\text{U-R}} = \text{gini}(x_{ijk}^{\text{U}}, x_{ijk}^{\text{R}}; w_{\text{U}}, w_{\text{R}}) \quad \text{（F-4）}$$

式中，记号 U 和 R 分别表示城镇和农村地区，w_{U}、w_{R} 分别表示计算过程中城镇和农村的权重[②]。

（2）平衡调整系数的计算。

平衡调整涉及地区与城乡不平衡双重因素。平衡调整系数根据下式计算：

$$\text{adj\_coef} = \left(1 - \text{ine}^{\text{IR}}\right) \times \left(1 - \text{ine}^{\text{U-R}}\right) \quad \text{（F-5）}$$

如果某个三级指标不属于地区不平衡或城乡不平衡的反映指标，则将不平衡程度 ine^{IR} 或 $\text{ine}^{\text{U-R}}$ 置零。

① 由于地区数据是我国 31 个省份的数据，因此这种划分单元原则上不是同质的，应当考虑加权处理。由于指标的设置和指向差异，需分别设置不同的权重信息，比如人均可支配收入和养老床位数这两个指标，前者对地区内所有常住人口是普适的，应采用各地区的常住人口；后者则主要针对老年人口，应以老年人口数加权。所有的地区指标对应着不同的权重信息，详见附录 C。

② 此处城乡指标计算不平衡所采用的权重信息统一设置为各年度的城镇和农村人口数。

（3）平衡发展指数的计算。

在得到发展指数和平衡调整系数后，进一步计算三级指标的平衡发展指数（BDI_{ijk}），即经平衡系数调整后的发展指数（X_{ijk}^{adj}）：

$$BDI_{ijk}=X_{ijk}^{adj}=X_{ijk}^{dvpt}\times adj\_coef_{ijk} \tag{F-6}$$

3. 发展损失

发展损失（loss）是指因为发展不平衡带来的发展指数的损失，根据平衡发展指数相对于发展指数的损失程度来计算。发展损失的定义式为

$$\begin{aligned}Loss_{ijk}&=1-BDI_{ijk}/X_{ijk}^{dvpt}=1-adj\_coef_{ijk}\\&=ine_{ijk}^{IR}+ine_{ijk}^{U-R}-ine_{ijk}^{IR}\times ine_{ijk}^{U-R}\end{aligned} \tag{F-7}$$

计算说明

1. 计算示例

以人均可支配收入为例，2017 年我国的人均可支配收入水平为 25 974 元。这是一个正向指标，且根据我国人均可支配收入水平、发展历史并参照国际标准，其理想值与不允许值分别设置为 60 000 元和 0。按照极差标准化方法，其 2017 年的发展指数为

$$X_{\text{人均可支配收入}}^{dvpt,2017}=\frac{25\,974-0}{60\,000-0}\times 100=43.29$$

我国人均可支配收入存在地区不平衡和城乡不平衡问题，故需根据 2017 年的地区人均可支配收入和城乡人均可支配收入数据计算不平衡程度和平衡调整系数。在式（F-3）和式（F-4）的基础上，还需要进一步以各地区常住人口数加权计算，才能真实反映地区差异程度。

根据基尼系数的定义式，计算可得人均可支配收入的地区不平衡程度

（ine^{IR}）为 0.1614，城乡不平衡程度（ine^{U-R}）为 0.2075。

于是，人均可支配收入的平衡调整系数为

$$adj\_coef_{人均可支配收入} = (1-0.1614)\times(1-0.2075) = 0.6646$$

根据式（F-6），可得人均可支配收入的平衡发展指数为

$$BDI_{人均可支配收入} = X^{adj}_{人均可支配收入} = 43.29\times0.6646 = 28.77$$

根据式（F-7），可得其发展损失为

$$Loss_{人均可支配收入} = \frac{43.29-28.77}{43.29}\times100\% = 33.54\%$$

2. 不平衡程度的划分标准

对于所有的正值发展指标，基尼系数方法测度的不平衡程度结果介于 0 和 1 之间。为了便于对比和分析，可以考虑将取值范围作区段划分。对于收入分配基尼系数，国际上已经有一套通行的划分标准来界定不同程度的不平等。考虑到此处计算所采用的数据并非微观数据，同样的指标其基尼系数结果理论上应小于基于微观数据的基尼系数结果，因此，在运用基尼系数方法计算各指标不平衡程度的基础上，我们按如下区段划分地区和城乡不平衡程度：

（1）0.1 以下表示指数等级较低（轻度不平衡）；

（2）0.1 ～ 0.15 表示指数等级中等（中度不平衡）；

（3）0.15 ～ 0.2 表示指数等级中等偏高（中高度不平衡）；

（4）0.2 ～ 0.3 表示指数等级较高（高度不平衡）；

（5）0.3 以上表示指数等级极高（极不平衡）。

4. 指数汇总计算

平衡发展指数的汇总计算，需要考虑汇总公式和权重两个方面的问题。

首先，指数的汇总公式一般采用算术平均或几何平均，但在多层级汇总过程中算术平均的含义相对直观，故最终选用算术平均公式汇总。

其次，权重的设定是指数汇总过程中的重要环节，但不同学者对不同领域不同方面的相对重要性的认识不一致，且不同方法、不同出发点的结果往往不同，经多轮意见征求和专家建议，最终采用等权重方案①，每个一级指标分别赋权为 25%。

因此，在逐级汇总过程中，都采用简单算术平均计算。具体地，平衡发展指数的计算步骤如下：

（1）计算二级平衡发展指数。

采用简单算术平均的方式，将三级平衡发展指数汇总为二级平衡发展指数：

$$\mathrm{BDI}_{ij}=\sum_{k=1}^{L_{ij}}\mathrm{BDI}_{ijk}/L_{ij} \tag{F-8}$$

式中，L_{ij} 为该二级指标所包含的三级指标个数。

相比于二级发展指数（$X_{ij}^{\mathrm{dvpt}}=\sum_{k=1}^{L_{ij}}X_{ijk}^{\mathrm{dvpt}}/L_{ij}$），由于不平衡调整造成的损失为

$$\mathrm{Loss}_{ij}=1-\frac{\mathrm{BDI}_{ij}}{X_{ij}^{\mathrm{dvpt}}}=1-\mathrm{BDI}_{ij}/\left(\sum_{k=1}^{L_{ij}}X_{ijk}^{\mathrm{dvpt}}/L_{ij}\right) \tag{F-9}$$

（2）计算一级平衡发展指数。

采用简单算术平均的方式，将二级平衡发展指标汇总为一级平衡发展指数：

$$\mathrm{BDI}_{i}=\sum_{j}\mathrm{BDI}_{ij}/L_{i} \tag{F-10}$$

式中，L_i 为该一级指标包含的二级指标个数。

① 尽管等权重方案淡化了一级指标之间的相对重要性，但这不失为一种直观且适中的处理方法。为了说明这种权重方案下平衡发展指数结果的适用性和稳健性，我们特地在附录 D 中进一步给出不同权重方案下的平衡发展指数。结果表明，在合理的权重结构下指数计算结果比较稳健。

相比于一级发展指数（ $X_i^{\text{dvpt}} = \sum_j X_{ij}^{\text{dvpt}} / L_i$ ），由于不平衡调整造成的损失为

$$\text{Loss}_i = 1 - \frac{\text{BDI}_i}{X_i^{\text{dvpt}}} = 1 - \text{BDI}_i / \left(\sum_j X_{ij}^{\text{dvpt}} / L_i \right) \tag{F-11}$$

（3）计算平衡发展总指数。

采用简单算术平均的方式，将一级平衡发展指标汇总为总平衡发展指数：

$$\text{BDI} = \sum_{i=1}^{L} \text{BDI}_i / L \tag{F-12}$$

式中，L（=4）为一级指标总个数，从而每个一级指标分别赋权为 25%。

相比于总发展指数（ $X^{\text{dvpt}} = \sum_{i=1}^{L} X_i^{\text{dvpt}} / L$ ），由于不平衡调整造成的损失为

$$\text{Loss} = 1 - \frac{\text{BDI}}{X^{\text{dvpt}}} = 1 - \text{BDI} / \left(\sum_{i=1}^{L} X_i^{\text{dvpt}} / L \right) \tag{F-13}$$

附录 G　2011—2018 年平衡发展指数测算结果

表 G-1　2011 年平衡发展指数测算结果

项　　目	BDI	X^{dvpt}	Loss	ine^{IR}	ine^{U-R}
总指数	42.39	50.84	16.62%	0.24	0.282
1 经济	40.08	48.35	17.09%	0.26	0.222
1.1 经济效益	34.70	42.26	17.90%	0.18	—
1.1.1 人均 GDP	30.89	39.36	21.53%	0.22	—
1.1.2 能源产出率	36.27	43.75	17.10%	0.17	—
1.1.3 资本产出率	36.93	43.67	15.43%	0.15	—
1.2 经济结构	43.36	52.22	16.97%	0.44	—
1.2.1 高技术企业主营业务收入与 GDP 之比	33.20	59.79	44.48%	0.44	—
1.2.2 居民消费率	60.30	60.30	0	—	—
1.2.3 服务贸易占对外贸易比重	36.58	36.58	0	—	—
1.3 创新驱动	24.49	36.11	32.18%	0.41	—
1.3.1 R&D 经费投入强度	43.10	59.18	27.18%	0.27	—
1.3.2 万人发明专利拥有量	5.88	13.04	54.86%	0.55	—
1.4 基础设施	26.97	37.74	28.53%	0.24	0.222
1.4.1 互联网普及率	18.09	28.15	35.74%	0.17	0.222
1.4.2 铁路密度	22.40	31.39	28.65%	0.29	—
1.4.3 城市交通承载力	40.43	53.66	24.66%	0.25	—
1.5 人力资本	70.90	73.40	3.40%	0.04	—
1.5.1 劳动年龄人口占比	83.73	86.01	2.65%	0.03	—
1.5.2 劳动年龄人口平均受教育年限	58.07	60.78	4.46%	0.04	—
2 社会	43.70	50.42	13.34%	0.20	0.393
2.1 社会文明	27.69	38.14	27.41%	0.28	—
2.1.1 人均拥有公共图书馆藏量	37.89	52.00	27.13%	0.27	—
2.1.2 人均文化事业费	17.48	24.28	28.00%	0.28	—
2.2 社会公平	63.44	63.44	0	—	—
2.2.1 基尼系数	52.30	52.30	0	—	—
2.2.2 劳动就业中的性别差异	74.58	74.58	0	—	—
2.3 社会安全	70.04	79.24	11.60%	0.24	—

续表

项　　目	BDI	X^{dvpt}	Loss	ine^{IR}	ine^{U-R}
2.3.1 亿元 GDP 生产安全事故死亡人数	58.66	77.04	23.87%	0.24	—
2.3.2 刑事犯罪率	81.43	81.43	0	—	—
2.4 社会治理	17.68	21.55	17.98%	0.20	—
2.4.1 每十万人社会组织数量	26.08	30.77	15.24%	0.15	—
2.4.2 每十万人拥有律师数	9.28	12.34	24.81%	0.25	—
2.5 社会保障	39.63	49.73	20.32%	0.11	0.393
2.5.1 养老金替代率	34.67	66.89	48.17%	0.15	0.393
2.5.2 养老保险覆盖率	48.48	53.50	9.38%	0.09	—
2.5.3 医疗自付比	38.87	42.05	7.56%	0.08	—
2.5.4 贫困发生率	36.50	36.50	0	—	—
3 生态	42.97	56.17	23.50%	0.33	—
3.1 空气质量	34.04	46.25	26.41%	0.27	—
3.1.1 空气质量指数优良率	40.35	50.05	19.39%	0.19	—
3.1.2 细颗粒物浓度（PM2.5）未达标率	27.73	42.46	34.68%	0.35	—
3.2 水质量	48.15	68.99	30.21%	0.56	—
3.2.1 地表水劣于 V 类水体比例	32.10	73.78	56.50%	0.56	—
3.2.2 河流水质状况Ⅲ类以上占比	64.20	64.20	0	—	—
3.3 土壤质量	48.37	74.77	35.32%	0.36	—
3.3.1 单位耕地面积化肥施用量	55.46	78.91	29.72%	0.30	—
3.3.2 单位耕地面积农药使用量	41.27	70.64	41.57%	0.42	—
3.4 环境治理	48.06	54.58	11.95%	0.14	—
3.4.1 城市生活垃圾无害化处理率	72.44	79.70	9.11%	0.09	—
3.4.2 城市日均污水处理能力	23.68	29.45	19.61%	0.20	—
3.5 生态保护	36.23	36.23	0	—	—
3.5.1 水土流失综合治理面积（新增）	12.50	12.50	0	—	—
3.5.2 造林面积	59.97	59.97	0	—	—
4 民生	42.80	48.42	11.61%	0.15	0.232
4.1 收入	15.47	25.05	38.24%	0.18	0.247
4.1.1 居民人均可支配收入	14.81	24.30	39.05%	0.18	0.254
4.1.2 居民人均消费支出	16.13	25.79	37.47%	0.18	0.241
4.2 就业	51.65	51.65	0	—	—
4.2.1 求人倍率	51.65	51.65	0	—	—

续表

项　　目	BDI	X^{dvpt}	Loss	ine^{IR}	ine^{U-R}
4.3 居住	50.34	56.48	10.87%	0.11	—
4.3.1 城镇人均住房建筑面积	49.14	52.90	7.12%	0.07	—
4.3.2 房价收入比	56.86	65.20	12.79%	0.13	—
4.3.3 农村居住便利设施普及率	45.02	51.33	12.29%	0.12	—
4.4 教育	44.24	46.66	5.19%	0.13	—
4.4.1 高中毛入学率	84.00	84.00	0	—	—
4.4.2 高中及以下阶段生师比	26.83	28.77	6.73%	0.07	—
4.4.3 高中及以下阶段生均公共财政预算公用经费支出	21.88	27.20	19.59%	0.20	—
4.5 医疗健康	52.32	62.28	16.00%	0.18	0.216
4.5.1 婴儿死亡率	59.17	75.80	21.94%	—	0.219
4.5.2 每千人口卫生技术人员数	25.37	38.17	33.52%	0.16	0.213
4.5.3 出生时预期寿命	85.27	85.27	0	—	—
4.5.4 每千老年人口养老床位数	39.47	49.90	20.91%	0.21	—

表 G-2　2012 年平衡发展指数测算结果

项　　目	BDI	X^{dvpt}	Loss	ine^{IR}	ine^{U-R}
总指数	43.91	52.60	16.52%	0.23	0.26
1 经济	41.56	50.40	17.54%	0.26	0.20
1.1 经济效益	35.41	43.17	17.97%	0.18	—
1.1.1 人均 GDP	33.40	42.25	20.97%	0.21	—
1.1.2 能源产出率	37.69	45.43	17.04%	0.17	—
1.1.3 资本产出率	35.14	41.81	15.96%	0.16	—
1.2 经济结构	45.01	53.92	16.51%	0.42	—
1.2.1 高技术企业主营业务收入与 GDP 之比	36.60	63.30	42.18%	0.42	—
1.2.2 居民消费率	61.44	61.44	0	—	—
1.2.3 服务贸易占对外贸易比重	37.00	37.00	0	—	—
1.3 创新驱动	27.16	40.50	32.93%	0.41	—
1.3.1 R&D 经费投入强度	46.28	63.53	27.16%	0.27	—
1.3.2 万人发明专利拥有量	8.05	17.47	53.93%	0.54	—
1.4 基础设施	29.45	41.17	28.46%	0.23	0.20
1.4.1 互联网普及率	23.05	34.00	32.22%	0.15	0.20

续表

项　　目	BDI	X^{dvpt}	Loss	ine^{IR}	ine^{U-R}
1.4.2 铁路密度	24.25	34.44	29.58%	0.30	—
1.4.3 城市交通承载力	41.06	55.06	25.44%	0.25	—
1.5 人力资本	70.78	73.27	3.39%	0.04	—
1.5.1 劳动年龄人口占比	83.06	85.35	2.69%	0.03	—
1.5.2 劳动年龄人口平均受教育年限	58.51	61.19	4.38%	0.04	—
2 社会	46.32	53.36	13.21%	0.20	0.37
2.1 社会文明	31.73	43.78	27.52%	0.28	—
2.1.1 人均拥有公共图书馆藏量	42.36	58.00	26.97%	0.27	—
2.1.2 人均文化事业费	21.10	29.55	28.58%	0.29	—
2.2 社会公平	63.14	63.14	0	—	—
2.2.1 基尼系数	52.60	52.60	0	—	—
2.2.2 劳动就业中的性别差异	73.68	73.68	0	—	—
2.3 社会安全	70.92	80.50	11.90%	0.24	—
2.3.1 亿元 GDP 生产安全事故死亡人数	61.99	81.16	23.61%	0.24	—
2.3.2 刑事犯罪率	79.84	79.84	0	—	—
2.4 社会治理	18.99	23.17	18.03%	0.20	—
2.4.1 每十万人社会组织数量	28.02	33.07	15.27%	0.15	—
2.4.2 每十万人拥有律师数	9.96	13.26	24.93%	0.25	—
2.5 社会保障	46.80	56.24	16.78%	0.10	0.37
2.5.1 养老金替代率	34.25	63.82	46.33%	0.15	0.37
2.5.2 养老保险覆盖率	64.86	69.36	6.49%	0.06	—
2.5.3 医疗自付比	39.10	42.77	8.56%	0.09	—
2.5.4 贫困发生率	49.00	49.00	0	—	—
3 生态	44.15	57.14	22.73%	0.33	—
3.1 空气质量	36.09	48.27	25.24%	0.26	—
3.1.1 空气质量指数优良率	45.14	54.81	17.64%	0.18	—
3.1.2 细颗粒物浓度（PM2.5）未达标率	27.03	41.73	35.22%	0.35	—
3.2 水质量	49.79	70.95	29.83%	0.57	—
3.2.1 地表水劣于 V 类水体比例	32.57	74.91	56.52%	0.57	—
3.2.2 河流水质状况Ⅲ类以上占比	67.00	67.00	0	—	—
3.3 土壤质量	48.90	74.35	34.23%	0.35	—

续表

项目	BDI	X^{dvpt}	Loss	ine^{IR}	ine^{U-R}
3.3.1 单位耕地面积化肥施用量	55.71	78.40	28.94%	0.29	—
3.3.2 单位耕地面积农药使用量	42.10	70.31	40.12%	0.40	—
3.4 环境治理	51.12	57.27	10.74%	0.14	—
3.4.1 城市生活垃圾无害化处理率	78.30	84.83	7.70%	0.08	—
3.4.2 城市日均污水处理能力	23.94	29.72	19.44%	0.19	—
3.5 生态保护	34.85	34.85	0	—	—
3.5.1 水土流失综合治理面积（新增）	13.75	13.75	0	—	—
3.5.2 造林面积	55.96	55.96	0	—	—
4 民生	43.61	49.50	11.89%	0.14	0.22
4.1 收入	17.83	28.35	37.09%	0.17	0.24
4.1.1 居民人均可支配收入	17.18	27.78	38.15%	0.18	0.25
4.1.2 居民人均消费支出	18.49	28.92	36.08%	0.17	0.23
4.2 就业	44.62	44.62	0	—	—
4.2.1 求人倍率	44.62	44.62	0	—	—
4.3 居住	52.05	57.83	10.00%	0.10	—
4.3.1 城镇人均住房建筑面积	49.74	53.35	6.77%	0.07	—
4.3.2 房价收入比	59.63	67.53	11.69%	0.12	—
4.3.3 农村居住便利设施普及率	46.77	52.60	11.09%	0.11	—
4.4 教育	48.81	51.76	5.70%	0.12	—
4.4.1 高中毛入学率	85.00	85.00	0	—	—
4.4.2 高中及以下阶段生师比	29.72	31.86	6.72%	0.07	—
4.4.3 高中及以下阶段生均公共财政预算公用经费支出	31.72	38.43	17.46%	0.17	—
4.5 医疗健康	54.76	64.95	15.69%	0.16	0.21
4.5.1 婴儿死亡率	62.85	79.40	20.84%	—	0.21
4.5.2 每千人口卫生技术人员数	29.73	41.17	27.78%	0.09	0.21
4.5.3 出生时预期寿命	85.54	85.54	0	—	—
4.5.4 每千老年人口养老床位数	40.92	53.70	23.79%	0.24	—

表 G-3 2013 年平衡发展指数测算结果

项目	BDI	X^{dvpt}	Loss	ine^{IR}	ine^{U-R}
总指数	45.94	54.73	16.06%	0.23	0.25
1 经济	42.98	52.20	17.66%	0.25	0.18

续表

项 目	BDI	X^{dvpt}	Loss	ine^{IR}	ine^{U-R}
1.1 经济效益	36.26	44.11	17.81%	0.18	—
1.1.1 人均 GDP	35.95	45.31	20.66%	0.21	—
1.1.2 能源产出率	39.67	47.24	16.04%	0.16	—
1.1.3 资本产出率	33.15	39.78	16.66%	0.17	—
1.2 经济结构	46.24	55.05	16.02%	0.41	—
1.2.1 高技术企业主营业务收入与 GDP 之比	38.79	65.24	40.55%	0.41	—
1.2.2 居民消费率	61.77	61.77	0	—	—
1.2.3 服务贸易占对外贸易比重	38.16	38.16	0	—	—
1.3 创新驱动	29.23	43.95	33.48%	0.40	—
1.3.1 R&D 经费投入强度	48.29	66.34	27.21%	0.27	—
1.3.2 万人发明专利拥有量	10.17	21.55	52.81%	0.53	—
1.4 基础设施	32.37	44.70	27.59%	0.23	0.18
1.4.1 互联网普及率	28.23	39.69	28.89%	0.14	0.18
1.4.2 铁路密度	27.44	38.26	28.28%	0.28	—
1.4.3 城市交通承载力	41.44	56.16	26.21%	0.26	—
1.5 人力资本	70.83	73.19	3.22%	0.03	—
1.5.1 劳动年龄人口占比	82.71	84.78	2.44%	0.02	—
1.5.2 劳动年龄人口平均受教育年限	58.95	61.60	4.30%	0.04	—
2 社会	47.50	54.39	12.67%	0.20	0.37
2.1 社会文明	31.77	43.75	27.38%	0.27	—
2.1.1 人均拥有公共图书馆藏量	40.02	55.00	27.23%	0.27	—
2.1.2 人均文化事业费	23.51	32.49	27.63%	0.28	—
2.2 社会公平	62.43	62.43	0	—	—
2.2.1 基尼系数	52.70	52.70	0	—	—
2.2.2 劳动就业中的性别差异	72.16	72.16	0	—	—
2.3 社会安全	73.13	81.67	10.46%	0.20	—
2.3.1 亿元 GDP 生产安全事故死亡人数	66.45	83.55	20.46%	0.20	—
2.3.2 刑事犯罪率	79.80	79.80	0	—	—
2.4 社会治理	20.35	25.08	18.87%	0.21	—
2.4.1 每十万人社会组织数量	30.12	36.06	16.46%	0.16	—
2.4.2 每十万人拥有律师数	10.58	14.11	25.05%	0.25	—
2.5 社会保障	49.81	59.03	15.61%	0.09	0.37

续表

项　　目	BDI	X^{dvpt}	Loss	ine^{IR}	ine^{U-R}
2.5.1 养老金替代率	33.94	62.75	45.90%	0.14	0.37
2.5.2 养老保险覆盖率	67.95	72.33	6.05%	0.06	—
2.5.3 医疗自付比	39.87	43.53	8.43%	0.08	—
2.5.4 贫困发生率	57.50	57.50	0	—	—
3 生态	46.86	59.71	21.53%	0.32	—
3.1 空气质量	40.90	52.89	22.68%	0.24	—
3.1.1 空气质量指数优良率	50.45	60.01	15.93%	0.16	—
3.1.2 细颗粒物浓度（PM2.5）未达标率	31.34	45.77	31.52%	0.32	—
3.2 水质量	50.81	72.29	29.72%	0.57	—
3.2.1 地表水劣于 V 类水体比例	33.02	75.98	56.55%	0.57	—
3.2.2 河流水质状况Ⅲ类以上占比	68.60	68.60	0	—	—
3.3 土壤质量	49.29	74.25	33.62%	0.34	—
3.3.1 单位耕地面积化肥施用量	55.98	78.13	28.35%	0.28	—
3.3.2 单位耕地面积农药使用量	42.60	70.38	39.47%	0.39	—
3.4 环境治理	54.52	60.34	9.65%	0.13	—
3.4.1 城市生活垃圾无害化处理率	83.93	89.30	6.01%	0.06	—
3.4.2 城市日均污水处理能力	25.11	31.39	20.01%	0.20	—
3.5 生态保护	38.78	38.78	0	—	—
3.5.1 水土流失综合治理面积（新增）	16.56	16.56	0	—	—
3.5.2 造林面积	61.00	61.00	0	—	—
4 民生	46.41	52.61	11.78%	0.14	0.21
4.1 收入	20.79	31.78	34.59%	0.17	0.22
4.1.1 居民人均可支配收入	19.64	30.52	35.64%	0.17	0.23
4.1.2 居民人均消费支出	21.94	33.05	33.61%	0.17	0.20
4.2 就业	49.49	49.49	0	—	—
4.2.1 求人倍率	49.49	49.49	0	—	—
4.3 居住	53.21	59.08	9.94%	0.10	—
4.3.1 城镇人均住房建筑面积	51.72	54.96	5.88%	0.06	—
4.3.2 房价收入比	59.78	68.33	12.52%	0.13	—
4.3.3 农村居住便利设施普及率	48.11	53.95	10.81%	0.11	—
4.4 教育	51.41	54.79	6.18%	0.13	—
4.4.1 高中毛入学率	86.00	86.00	0	—	—
4.4.2 高中及以下阶段生师比	34.12	36.45	6.40%	0.06	—

续表

项　　目	BDI	X^{dvpt}	Loss	ine^{IR}	ine^{U-R}
4.4.3 高中及以下阶段生均公共财政预算公用经费支出	34.11	41.94	18.67%	0.19	—
4.5 医疗健康	57.18	67.92	15.81%	0.18	0.20
4.5.1 婴儿死亡率	65.69	81.00	18.90%	—	0.19
4.5.2 每千人口卫生技术人员数	29.74	43.92	32.28%	0.14	0.21
4.5.3 出生时预期寿命	85.80	85.80	0	—	—
4.5.4 每千老年人口养老床位数	47.49	60.97	22.10%	0.22	—

表 G-4　2014 年平衡发展指数测算结果

项　　目	BDI	X^{dvpt}	Loss	ine^{IR}	ine^{U-R}
总指数	47.58	56.53	15.83%	0.22	0.25
1 经济	44.45	54.09	17.82%	0.24	0.18
1.1 经济效益	37.37	45.61	18.08%	0.18	—
1.1.1 人均 GDP	38.47	48.38	20.47%	0.20	—
1.1.2 能源产出率	41.54	49.63	16.30%	0.16	—
1.1.3 资本产出率	32.09	38.83	17.37%	0.17	—
1.2 经济结构	48.99	57.55	14.87%	0.39	—
1.2.1 高技术企业主营业务收入与 GDP 之比	40.30	65.97	38.92%	0.39	—
1.2.2 居民消费率	62.81	62.81	0	—	—
1.2.3 服务贸易占对外贸易比重	43.88	43.88	0	—	—
1.3 创新驱动	30.77	46.64	34.03%	0.40	—
1.3.1 R&D 经费投入强度	49.13	67.37	27.07%	0.27	—
1.3.2 万人发明专利拥有量	12.40	25.91	52.12%	0.52	—
1.4 基础设施	34.68	47.86	27.54%	0.22	0.18
1.4.1 互联网普及率	30.68	42.92	28.53%	0.13	0.18
1.4.2 铁路密度	32.54	44.31	26.55%	0.27	—
1.4.3 城市交通承载力	40.81	56.35	27.57%	0.28	—
1.5 人力资本	70.47	72.81	3.22%	0.03	—
1.5.1 劳动年龄人口占比	81.59	83.61	2.42%	0.02	—
1.5.2 劳动年龄人口平均受教育年限	59.34	62.01	4.30%	0.04	—
2 社会	49.21	56.44	12.81%	0.20	0.36
2.1 社会文明	34.01	46.77	27.29%	0.27	—
2.1.1 人均拥有公共图书馆藏量	42.17	58.00	27.29%	0.27	—

续表

项　　目	BDI	X^{dvpt}	Loss	ine^{IR}	ine^{U-R}
2.1.2 人均文化事业费	25.85	35.54	27.27%	0.27	—
2.2 社会公平	63.39	63.39	0	—	—
2.2.1 基尼系数	53.10	53.10	0	—	—
2.2.2 劳动就业中的性别差异	73.68	73.68	0	—	—
2.3 社会安全	73.95	82.94	10.84%	0.21	—
2.3.1 亿元 GDP 生产安全事故死亡人数	67.82	85.80	20.96%	0.21	—
2.3.2 刑事犯罪率	80.08	80.08	0	—	—
2.4 社会治理	22.13	27.52	19.59%	0.21	—
2.4.1 每十万人社会组织数量	32.78	39.72	17.46%	0.17	—
2.4.2 每十万人拥有律师数	11.48	15.33	25.11%	0.25	—
2.5 社会保障	52.57	61.56	14.61%	0.09	0.36
2.5.1 养老金替代率	33.42	60.88	45.11%	0.14	0.36
2.5.2 养老保险覆盖率	70.10	74.68	6.14%	0.06	—
2.5.3 医疗自付比	42.75	46.69	8.43%	0.08	—
2.5.4 贫困发生率	64.00	64.00	0	—	—
3 生态	48.11	60.61	20.63%	0.31	—
3.1 空气质量	45.06	56.36	20.04%	0.21	—
3.1.1 空气质量指数优良率	57.12	66.00	13.46%	0.13	—
3.1.2 细颗粒物浓度（PM2.5）未达标率	33.01	46.72	29.35%	0.29	—
3.2 水质量	53.13	74.91	29.07%	0.57	—
3.2.1 地表水劣于 V 类水体比例	33.47	77.01	56.54%	0.57	—
3.2.2 河流水质状况Ⅲ类以上占比	72.80	72.80	0	—	—
3.3 土壤质量	49.86	74.04	32.65%	0.33	—
3.3.1 单位耕地面积化肥施用量	56.22	77.80	27.73%	0.28	—
3.3.2 单位耕地面积农药使用量	43.50	70.27	38.10%	0.38	—
3.4 环境治理	56.15	61.43	8.59%	0.12	—
3.4.1 城市生活垃圾无害化处理率	87.34	91.79	4.85%	0.05	—
3.4.2 城市日均污水处理能力	24.97	31.07	19.64%	0.20	—
3.5 生态保护	36.34	36.34	0	—	—
3.5.1 水土流失综合治理面积（新增）	17.19	17.19	0	—	—
3.5.2 造林面积	55.50	55.50	0	—	—
4 民生	48.55	54.97	11.69%	0.13	0.21
4.1 收入	23.14	34.92	33.73%	0.16	0.21

续表

项　目	BDI	X^{dvpt}	Loss	ine^{IR}	ine^{U-R}
4.1.1 居民人均可支配收入	21.86	33.61	34.95%	0.16	0.22
4.1.2 居民人均消费支出	24.42	36.23	32.60%	0.16	0.19
4.2 就业	52.61	52.61	0	—	—
4.2.1 求人倍率	52.61	52.61	0	—	—
4.3 居住	54.47	60.72	10.29%	0.10	—
4.3.1 城镇人均住房建筑面积	51.48	56.26	8.50%	0.09	—
4.3.2 房价收入比	62.43	70.66	11.65%	0.12	—
4.3.3 农村居住便利设施普及率	49.50	55.23	10.37%	0.10	—
4.4 教育	52.46	55.96	6.27%	0.13	—
4.4.1 高中毛入学率	86.50	86.50	0	—	—
4.4.2 高中及以下阶段生师比	35.65	38.17	6.60%	0.07	—
4.4.3 高中及以下阶段生均公共财政预算公用经费支出	35.22	43.22	18.52%	0.19	—
4.5 医疗健康	60.06	70.65	14.98%	0.14	0.20
4.5.1 婴儿死亡率	66.11	82.20	19.57%	—	0.20
4.5.2 每千人口卫生技术人员数	33.86	46.33	26.92%	0.08	0.21
4.5.3 出生时预期寿命	86.05	86.05	0	—	—
4.5.4 每千老年人口养老床位数	54.23	68.00	20.25%	0.20	—

表 G-5　2015 年平衡发展指数测算结果

项　目	BDI	X^{dvpt}	Loss	ine^{IR}	ine^{U-R}
总指数	49.72	59.14	15.93%	0.22	0.23
1 经济	46.01	56.23	18.17%	0.24	0.17
1.1 经济效益	38.51	47.21	18.42%	0.18	—
1.1.1 人均 GDP	40.94	51.45	20.43%	0.20	—
1.1.2 能源产出率	43.75	52.55	16.75%	0.17	—
1.1.3 资本产出率	30.84	37.62	18.01%	0.18	—
1.2 经济结构	51.34	59.80	14.16%	0.38	—
1.2.1 高技术企业主营业务收入与 GDP 之比	42.33	67.73	37.51%	0.38	—
1.2.2 居民消费率	64.35	64.35	0	—	—
1.2.3 服务贸易占对外贸易比重	47.33	47.33	0	—	—
1.3 创新驱动	33.18	51.04	34.98%	0.39	—

续表

项　目	BDI	X^{dvpt}	Loss	ine^{IR}	ine^{U-R}
1.3.1 R&D 经费投入强度	50.05	68.55	26.98%	0.27	—
1.3.2 万人发明专利拥有量	16.31	33.53	51.35%	0.51	—
1.4 基础设施	36.82	50.61	27.25%	0.22	0.17
1.4.1 互联网普及率	34.02	46.62	27.02%	0.13	0.17
1.4.2 铁路密度	37.17	50.69	26.68%	0.27	—
1.4.3 城市交通承载力	39.27	54.53	27.98%	0.28	—
1.5 人力资本	70.20	72.47	3.14%	0.03	—
1.5.1 劳动年龄人口占比	80.56	82.52	2.38%	0.02	—
1.5.2 劳动年龄人口平均受教育年限	59.83	62.42	4.15%	0.04	—
2 社会	50.85	58.50	13.07%	0.20	0.34
2.1 社会文明	37.30	51.20	27.15%	0.27	—
2.1.1 人均拥有公共图书馆藏量	44.05	61.00	27.78%	0.28	—
2.1.2 人均文化事业费	30.54	41.40	26.22%	0.26	—
2.2 社会公平	64.09	64.09	0	—	—
2.2.1 基尼系数	53.80	53.80	0	—	—
2.2.2 劳动就业中的性别差异	74.38	74.38	0	—	—
2.3 社会安全	72.95	82.63	11.71%	0.22	—
2.3.1 亿元 GDP 生产安全事故死亡人数	67.65	87.00	22.24%	0.22	—
2.3.2 刑事犯罪率	78.25	78.25	0	—	—
2.4 社会治理	23.87	29.91	20.18%	0.22	—
2.4.1 每十万人社会组织数量	35.24	43.14	18.32%	0.18	—
2.4.2 每十万人拥有律师数	12.51	16.68	24.99%	0.25	—
2.5 社会保障	56.03	64.66	13.34%	0.09	0.34
2.5.1 养老金替代率	33.80	59.47	43.16%	0.14	0.34
2.5.2 养老保险覆盖率	71.78	76.44	6.10%	0.06	—
2.5.3 医疗自付比	47.05	51.22	8.13%	0.08	—
2.5.4 贫困发生率	71.50	71.50	0	—	—
3 生态	52.16	65.49	20.36%	0.32	—
3.1 空气质量	52.21	67.00	22.07%	0.24	—
3.1.1 空气质量指数优良率	67.68	76.70	11.77%	0.12	—
3.1.2 细颗粒物浓度（PM2.5）未达标率	36.75	57.29	35.86%	0.36	—
3.2 水质量	53.02	76.10	30.33%	0.59	—

续表

项 目	BDI	X^{dvpt}	Loss	ine^{IR}	ine^{U-R}
3.2.1 地表水劣于Ⅴ类水体比例	31.84	78.00	59.18%	0.59	—
3.2.2 河流水质状况Ⅲ类以上占比	74.20	74.20	0	—	—
3.3 土壤质量	50.07	74.17	32.50%	0.33	—
3.3.1 单位耕地面积化肥施用量	56.33	77.69	27.50%	0.27	—
3.3.2 单位耕地面积农药使用量	43.81	70.65	37.99%	0.38	—
3.4 环境治理	58.62	63.31	7.41%	0.11	—
3.4.1 城市生活垃圾无害化处理率	90.92	94.10	3.38%	0.03	—
3.4.2 城市日均污水处理能力	26.33	32.52	19.04%	0.19	—
3.5 生态保护	46.86	46.86	0	—	—
3.5.1 水土流失综合治理面积（新增）	16.88	16.88	0	—	—
3.5.2 造林面积	76.84	76.84	0	—	—
4 民生	49.85	56.35	11.53%	0.13	0.20
4.1 收入	25.46	37.95	32.90%	0.16	0.20
4.1.1 居民人均可支配收入	24.03	36.61	34.36%	0.16	0.22
4.1.2 居民人均消费支出	26.89	39.28	31.55%	0.16	0.19
4.2 就业	51.73	51.73	0	—	—
4.2.1 求人倍率	51.73	51.73	0	—	—
4.3 居住	54.70	60.98	10.30%	0.10	—
4.3.1 城镇人均住房建筑面积	52.72	57.69	8.61%	0.09	—
4.3.2 房价收入比	59.75	68.55	12.83%	0.13	—
4.3.3 农村居住便利设施普及率	51.63	56.72	8.97%	0.09	—
4.4 教育	54.05	57.47	5.96%	0.12	—
4.4.1 高中毛入学率	87.00	87.00	0	—	—
4.4.2 高中及以下阶段生师比	36.26	38.75	6.42%	0.06	—
4.4.3 高中及以下阶段生均公共财政预算公用经费支出	38.87	46.66	16.69%	0.17	—
4.5 医疗健康	63.33	73.63	13.99%	0.13	0.19
4.5.1 婴儿死亡率	69.04	83.80	17.61%	—	0.18
4.5.2 每千人口卫生技术人员数	35.65	48.67	26.75%	0.07	0.21
4.5.3 出生时预期寿命	86.30	86.30	0	—	—
4.5.4 每千老年人口养老床位数	62.34	75.78	17.72%	0.18	—

表 G-6　2016 年平衡发展指数测算结果

项　　目	BDI	X^{dvpt}	Loss	ine^{IR}	ine^{U-R}
总指数	51.12	60.88	16.02%	0.22	0.23
1 经济	47.53	58.19	18.33%	0.24	0.16
1.1 经济效益	39.87	48.93	18.52%	0.18	—
1.1.1 人均 GDP	43.52	54.62	20.32%	0.20	—
1.1.2 能源产出率	45.89	55.31	17.03%	0.17	—
1.1.3 资本产出率	30.20	36.87	18.09%	0.18	—
1.2 经济结构	53.35	61.65	13.45%	0.36	—
1.2.1 高技术企业主营业务收入与 GDP 之比	43.81	68.68	36.22%	0.36	—
1.2.2 居民消费率	65.52	65.52	0	—	—
1.2.3 服务贸易占对外贸易比重	50.73	50.73	0	—	—
1.3 创新驱动	36.21	56.08	35.44%	0.39	—
1.3.1 R&D 经费投入强度	51.83	70.28	26.24%	0.26	—
1.3.2 万人发明专利拥有量	20.58	41.88	50.86%	0.51	—
1.4 基础设施	38.33	52.25	26.65%	0.22	0.16
1.4.1 互联网普及率	38.22	51.08	25.17%	0.11	0.16
1.4.2 铁路密度	39.23	52.78	25.67%	0.26	—
1.4.3 城市交通承载力	37.52	52.90	29.06%	0.29	—
1.5 人力资本	69.87	72.05	3.02%	0.03	—
1.5.1 劳动年龄人口占比	79.48	81.27	2.20%	0.02	—
1.5.2 劳动年龄人口平均受教育年限	60.26	62.82	4.09%	0.04	—
2 社会	52.65	60.75	13.33%	0.20	0.34
2.1 社会文明	40.43	55.72	27.44%	0.27	—
2.1.1 人均拥有公共图书馆藏量	46.93	65.00	27.80%	0.28	—
2.1.2 人均文化事业费	33.94	46.45	26.93%	0.27	—
2.2 社会公平	64.27	64.27	0	—	—
2.2.1 基尼系数	53.50	53.50	0	—	—
2.2.2 劳动就业中的性别差异	75.04	75.04	0	—	—
2.3 社会安全	74.95	84.52	11.31%	0.22	—
2.3.1 亿元 GDP 生产安全事故死亡人数	69.28	88.40	21.63%	0.22	—
2.3.2 刑事犯罪率	80.63	80.63	0	—	—
2.4 社会治理	25.28	31.80	20.50%	0.22	—
2.4.1 每十万人社会组织数量	36.80	45.45	19.02%	0.19	—

续表

项　　目	BDI	X^{dvpt}	Loss	ine^{IR}	ine^{U-R}
2.4.2 每十万人拥有律师数	13.76	18.15	24.18%	0.24	—
2.5 社会保障	58.31	67.42	13.52%	0.10	0.34
2.5.1 养老金替代率	33.22	60.60	45.18%	0.16	0.34
2.5.2 养老保险覆盖率	74.82	79.55	5.95%	0.06	—
2.5.3 医疗自付比	47.70	52.03	8.33%	0.08	—
2.5.4 贫困发生率	77.50	77.50	0	—	—
3 生态	53.42	66.99	20.26%	0.32	—
3.1 空气质量	56.62	72.45	21.84%	0.23	—
3.1.1 空气质量指数优良率	70.49	78.80	10.54%	0.11	—
3.1.2 细颗粒物浓度（PM2.5）未达标率	42.75	66.09	35.32%	0.35	—
3.2 水质量	54.39	77.70	30.00%	0.59	—
3.2.1 地表水劣于 V 类水体比例	31.89	78.50	59.38%	0.59	—
3.2.2 河流水质状况Ⅲ类以上占比	76.90	76.90	0	—	—
3.3 土壤质量	50.41	74.58	32.41%	0.33	—
3.3.1 单位耕地面积化肥施用量	56.40	77.82	27.53%	0.28	—
3.3.2 单位耕地面积农药使用量	44.41	71.33	37.74%	0.38	—
3.4 环境治理	60.89	65.44	6.95%	0.11	—
3.4.1 城市生活垃圾无害化处理率	94.27	96.62	2.43%	0.02	—
3.4.2 城市日均污水处理能力	27.50	34.25	19.71%	0.20	—
3.5 生态保护	44.77	44.77	0	—	—
3.5.1 水土流失综合治理面积（新增）	17.50	17.50	0	—	—
3.5.2 造林面积	72.04	72.04	0	—	—
4 民生	50.91	57.59	11.61%	0.12	0.20
4.1 收入	27.89	41.24	32.36%	0.16	0.20
4.1.1 居民人均可支配收入	26.23	39.70	33.94%	0.16	0.21
4.1.2 居民人均消费支出	29.56	42.78	30.90%	0.16	0.18
4.2 就业	50.45	50.45	0	—	—
4.2.1 求人倍率	50.45	50.45	0	—	—
4.3 居住	55.36	61.72	10.31%	0.10	—
4.3.1 城镇人均住房建筑面积	57.05	61.60	7.39%	0.07	—
4.3.2 房价收入比	55.81	65.50	14.80%	0.15	—
4.3.3 农村居住便利设施普及率	53.22	58.07	8.35%	0.08	—
4.4 教育	55.66	59.16	5.91%	0.11	—

续表

项　　目	BDI	X^{dvpt}	Loss	ine^{IR}	ine^{U-R}
4.4.1 高中毛入学率	87.50	87.50	0	—	—
4.4.2 高中及以下阶段生师比	37.06	39.60	6.41%	0.06	—
4.4.3 高中及以下阶段生均公共财政预算公用经费支出	42.42	50.37	15.79%	0.16	—
4.5 医疗健康	65.18	75.40	13.55%	0.11	0.19
4.5.1 婴儿死亡率	69.03	85.00	18.79%	—	0.19
4.5.2 每千人口卫生技术人员数	37.75	51.00	25.98%	0.07	0.20
4.5.3 出生时预期寿命	86.54	86.54	0	—	—
4.5.4 每千老年人口养老床位数	67.41	79.05	14.73%	0.15	—

表 G-7　2017 年平衡发展指数测算结果

项　　目	BDI	X^{dvpt}	Loss	ine^{IR}	ine^{U-R}
总指数	52.37	62.42	16.10%	0.22	0.22
1 经济	48.15	59.16	18.62%	0.23	0.15
1.1 经济效益	41.56	50.65	17.94%	0.18	—
1.1.1 人均 GDP	46.34	57.99	20.09%	0.20	—
1.1.2 能源产出率	48.51	57.39	15.48%	0.15	—
1.1.3 资本产出率	29.84	36.58	18.42%	0.18	—
1.2 经济结构	50.78	58.61	13.35%	0.37	—
1.2.1 高技术企业主营业务收入与 GDP 之比	40.37	63.85	36.77%	0.37	—
1.2.2 居民消费率	63.69	63.69	0	—	—
1.2.3 服务贸易占对外贸易比重	48.28	48.28	0	—	—
1.3 创新驱动	39.54	61.26	35.46%	0.38	—
1.3.1 R&D 经费投入强度	53.87	71.67	24.83%	0.25	—
1.3.2 万人发明专利拥有量	25.21	50.86	50.43%	0.50	—
1.4 基础设施	39.64	53.87	26.41%	0.22	0.15
1.4.1 互联网普及率	42.07	55.08	23.61%	0.10	0.15
1.4.2 铁路密度	40.71	54.86	25.80%	0.26	—
1.4.3 城市交通承载力	36.14	51.67	30.05%	0.30	—
1.5 人力资本	69.20	71.40	3.09%	0.03	—
1.5.1 劳动年龄人口占比	77.68	79.54	2.34%	0.02	—
1.5.2 劳动年龄人口平均受教育年限	60.72	63.26	4.02%	0.04	—

续表

项　　目	BDI	X^{dvpt}	Loss	ine^{IR}	ine^{U-R}
2 社会	54.54	63.18	13.67%	0.21	0.34
2.1 社会文明	44.40	60.65	26.79%	0.27	—
2.1.1 人均拥有公共图书馆藏量	50.86	70.00	27.35%	0.27	—
2.1.2 人均文化事业费	37.95	51.31	26.03%	0.26	—
2.2 社会公平	63.75	63.75	0	—	—
2.2.1 基尼系数	53.30	53.30	0	—	—
2.2.2 劳动就业中的性别差异	74.19	74.19	0	—	—
2.3 社会安全	76.09	87.21	12.75%	0.24	—
2.3.1 亿元 GDP 生产安全事故死亡人数	68.61	90.85	24.48%	0.24	—
2.3.2 刑事犯罪率	83.57	83.57	0	—	—
2.4 社会治理	27.29	34.34	20.52%	0.22	—
2.4.1 每十万人社会组织数量	39.79	48.91	18.65%	0.19	—
2.4.2 每十万人拥有律师数	14.80	19.77	25.13%	0.25	—
2.5 社会保障	61.18	69.95	12.54%	0.09	0.34
2.5.1 养老金替代率	33.93	60.66	44.06%	0.16	0.34
2.5.2 养老保险覆盖率	78.07	82.61	5.50%	0.06	—
2.5.3 医疗自付比	48.23	52.05	7.33%	0.07	—
2.5.4 贫困发生率	84.50	84.50	0	—	—
3 生态	55.08	68.89	20.05%	0.32	—
3.1 空气质量	59.47	75.54	21.27%	0.22	—
3.1.1 空气质量指数优良率	71.68	79.40	9.73%	0.10	—
3.1.2 细颗粒物浓度（PM2.5）未达标率	47.26	71.67	34.06%	0.34	—
3.2 水质量	54.80	78.88	30.52%	0.61	—
3.2.1 地表水劣于 V 类水体比例	31.11	79.25	60.75%	0.61	—
3.2.2 河流水质状况Ⅲ类以上占比	78.50	78.50	0	—	—
3.3 土壤质量	51.15	75.51	32.26%	0.32	—
3.3.1 单位耕地面积化肥施用量	56.61	78.28	27.69%	0.28	—
3.3.2 单位耕地面积农药使用量	45.69	72.73	37.18%	0.37	—
3.4 环境治理	62.35	66.91	6.82%	0.11	—
3.4.1 城市生活垃圾无害化处理率	95.93	97.74	1.86%	0.02	—
3.4.2 城市日均污水处理能力	28.77	36.08	20.25%	0.20	—
3.5 生态保护	47.62	47.62	0	—	—
3.5.1 水土流失综合治理面积（新增）	18.44	18.44	0	—	—

续表

项　　目	BDI	X^{dvpt}	Loss	ine^{IR}	ine^{U-R}
3.5.2 造林面积	76.81	76.81	0	—	—
4 民生	51.72	58.47	11.54%	0.12	0.18
4.1 收入	30.43	44.55	31.69%	0.16	0.19
4.1.1 居民人均可支配收入	28.77	43.29	33.54%	0.16	0.21
4.1.2 居民人均消费支出	32.09	45.81	29.94%	0.15	0.17
4.2 就业	48.33	48.33	0	—	—
4.2.1 求人倍率	48.33	48.33	0	—	—
4.3 居住	56.15	62.56	10.25%	0.10	—
4.3.1 城镇人均住房建筑面积	57.44	62.27	7.75%	0.08	—
4.3.2 房价收入比	56.98	66.66	14.51%	0.15	—
4.3.3 农村居住便利设施普及率	54.03	58.76	8.06%	0.08	—
4.4 教育	57.16	60.76	5.93%	0.11	—
4.4.1 高中毛入学率	88.30	88.30	0	—	—
4.4.2 高中及以下阶段生师比	38.21	40.74	6.21%	0.06	—
4.4.3 高中及以下阶段生均公共财政预算公用经费支出	44.97	53.25	15.56%	0.16	—
4.5 医疗健康	66.53	76.14	12.62%	0.11	0.18
4.5.1 婴儿死亡率	72.56	86.46	16.08%	—	0.16
4.5.2 每千人口卫生技术人员数	40.31	53.92	25.23%	0.07	0.20
4.5.3 出生时预期寿命	86.88	86.88	0	—	—
4.5.4 每千老年人口养老床位数	66.39	77.30	14.12%	0.14	—

表 G-8　2018 年平衡发展指数测算结果

项　　目	BDI	X^{dvpt}	Loss	ine^{IR}	ine^{U-R}
总指数	53.29	63.82	16.49%	0.22	0.22
1 经济	48.84	60.29	19.00%	0.24	0.15
1.1 经济效益	42.85	52.31	18.09%	0.18	—
1.1.1 人均 GDP	49.31	61.51	19.85%	0.20	—
1.1.2 能源产出率	49.83	59.15	15.76%	0.16	—
1.1.3 资本产出率	29.41	36.26	18.90%	0.19	—
1.2 经济结构	49.00	56.27	12.92%	0.38	—
1.2.1 高技术企业主营业务收入与 GDP 之比	35.12	56.93	38.30%	0.38	—

续表

项　目	BDI	X^{dvpt}	Loss	ine^{IR}	ine^{U-R}
1.2.2 居民消费率	63.13	63.13	0	—	—
1.2.3 服务贸易占对外贸易比重	48.75	48.75	0	—	—
1.3 创新驱动	42.07	66.28	36.53%	0.38	—
1.3.1 R&D 经费投入强度	54.69	73.00	25.09%	0.25	—
1.3.2 万人发明专利拥有量	29.45	59.56	50.56%	0.51	—
1.4 基础设施	41.72	55.75	25.16%	0.21	0.15
1.4.1 互联网普及率	45.26	58.00	21.96%	0.08	0.15
1.4.2 铁路密度	43.23	58.13	25.62%	0.26	—
1.4.3 城市交通承载力	36.68	51.12	28.25%	0.28	—
1.5 人力资本	68.54	70.84	3.24%	0.03	—
1.5.1 劳动年龄人口占比	75.94	78.01	2.65%	0.03	—
1.5.2 劳动年龄人口平均受教育年限	61.14	63.67	3.96%	0.04	—
2 社会	56.50	65.40	13.61%	0.20	0.32
2.1 社会文明	47.25	64.72	26.99%	0.27	—
2.1.1 人均拥有公共图书馆藏量	53.78	74.00	27.32%	0.27	—
2.1.2 人均文化事业费	40.71	55.44	26.56%	0.27	—
2.2 社会公平	63.90	63.90	0	—	—
2.2.1 基尼系数	53.20	53.20	0	—	—
2.2.2 劳动就业中的性别差异	74.59	74.59	0	—	—
2.3 社会安全	77.02	88.62	13.09%	0.25	—
2.3.1 亿元 GDP 生产安全事故死亡人数	69.20	92.40	25.11%	0.25	—
2.3.2 刑事犯罪率	84.83	84.83	0	—	—
2.4 社会治理	30.62	37.80	19.01%	0.20	—
2.4.1 每十万人社会组织数量	43.07	52.26	17.59%	0.18	—
2.4.2 每十万人拥有律师数	18.16	23.34	22.18%	0.22	—
2.5 社会保障	63.73	71.99	11.47%	0.09	0.32
2.5.1 养老金替代率	35.40	59.72	40.72%	0.12	0.32
2.5.2 养老保险覆盖率	77.08	81.21	5.08%	0.05	—
2.5.3 医疗自付比	50.96	55.54	8.25%	0.08	—
2.5.4 贫困发生率	91.50	91.50	0	—	—
3 生态	55.45	70.24	21.06%	0.33	—
3.1 空气质量	61.07	80.16	23.82%	0.24	—
3.1.1 空气质量指数优良率	71.02	79.30	10.45%	0.10	—

续表

项　　目	BDI	X^{dvpt}	Loss	ine^{IR}	ine^{U-R}
3.1.2 细颗粒物浓度（PM2.5）未达标率	51.13	81.03	36.90%	0.37	—
3.2 水质量	54.62	81.98	33.37%	0.66	—
3.2.1 地表水劣于 V 类水体比例	28.54	83.25	65.72%	0.66	—
3.2.2 河流水质状况Ⅲ类以上占比	80.70	80.70	0	—	—
3.3 土壤质量	51.37	74.89	31.41%	0.32	—
3.3.1 单位耕地面积化肥施用量	56.69	77.65	27.00%	0.27	—
3.3.2 单位耕地面积农药使用量	46.05	72.13	36.15%	0.36	—
3.4 环境治理	63.67	67.67	5.91%	0.10	—
3.4.1 城市生活垃圾无害化处理率	97.98	98.96	0.99%	0.01	—
3.4.2 城市日均污水处理能力	29.36	36.38	19.29%	0.19	—
3.5 生态保护	46.50	46.50	0	—	—
3.5.1 水土流失综合治理面积（新增）	20.00	20.00	0	—	—
3.5.2 造林面积	72.99	72.99	0	—	—
4 民生	52.38	59.33	11.72%	0.12	0.18
4.1 收入	33.45	48.34	30.80%	0.15	0.18
4.1.1 居民人均可支配收入	31.49	47.05	33.07%	0.16	0.20
4.1.2 居民人均消费支出	35.41	49.63	28.66%	0.15	0.16
4.2 就业	44.46	44.46	0	—	—
4.2.1 求人倍率	44.46	44.46	0	—	—
4.3 居住	57.17	62.82	8.99%	0.09	—
4.3.1 城镇人均住房建筑面积	62.71	66.95	6.33%	0.06	—
4.3.2 房价收入比	53.05	61.00	13.03%	0.13	—
4.3.3 农村居住便利设施普及率	55.76	60.51	7.86%	0.08	—
4.4 教育	60.64	64.83	6.47%	0.11	—
4.4.1 高中毛入学率	88.80	88.80	0	—	—
4.4.2 高中及以下阶段生师比	41.01	44.00	6.81%	0.07	—
4.4.3 高中及以下阶段生均公共财政预算公用经费支出	52.11	61.69	15.53%	0.16	—
4.5 医疗健康	66.18	76.21	13.15%	0.11	0.18
4.5.1 婴儿死亡率	72.45	87.80	17.49%	—	0.17
4.5.2 每千人口卫生技术人员数	43.40	56.92	23.74%	0.07	0.18
4.5.3 出生时预期寿命	87.24	87.24	0	—	—
4.5.4 每千老年人口养老床位数	61.64	72.88	15.41%	0.15	—